Bewusstheit
durch
Berührung

Die Autoren geben in diesem Buch keine medizinischen Empfehlungen und verordnen auch nicht – weder direkt noch indirekt – den Einsatz irgendeiner Methode im Sinne einer Behandlungsart für medizinische Probleme, die ohne den Rat eines Arztes anzuwenden wäre. Absicht der Autoren ist es lediglich, Informationen allgemeiner Art anzubieten. Es soll den verantwortungsbewussten Klienten dabei unterstützen, mit seinem Arzt, in deren gemeinsamen Streben nach Gesundheit, zu kooperieren. Falls Informationen aus diesem Buch angewendet werden, behandelt sich der Leser selbst, was sein freies Recht ist. Autoren und Verleger dieses Buches übernehmen in diesem Falle jedoch keinerlei Verantwortung für sein Tun und dessen etwaige Folgen.

Alle Rechte vorbehalten. Dieses Buch ist urheberrechtlich geschützt. Jede Verwertung außerhalb der Grenzen des Urheberrechtsgesetzes ist, auch bei nur auszugsweiser Verwertung, ohne schriftliche Genehmigung des Verlages unzulässig und strafbar. Dies gilt insbesondere für Vervielfältigungen, Übersetzungen, Mikroverfilmung sowie die Übertragung auf elektronische Datenträger.

3. überarbeitete und erweiterte Neuauflage

Umschlaggestaltung: Judit Modita Wieser
Titel, Zeichnungen & Umschlagfoto: © 1992 by Greiner & Topp
Oshotexte und -fotos: © by Osho International Foundation Zürich
Texte & Fotos: © 1997 by body awareness verlag - Greiner
Postfach 14 01 51 - 80451 München
Fon & Fax: +49 - (0)89 - 260 240 81

1. Auflage 1992
2. Auflage 1992
3. Auflage 1997

ISBN 3-9803464-3-9

Chinmatra Thomas Greiner
unter Mitarbeit von Sudas Wilfried Topp

BEWUSSTHEIT DURCH BERÜHRUNG

EIN BEGLEITBUCH FÜR OSHO REBALANCING SITZUNGEN

body awareness
v e r l a g

Inhalts-

Widmung	001
Vorwort	003
Einführung	004
Übersicht der einleitenden Sitzungen (1–3) „Vorbereitung auf den Kern"	028
1. Sitzung - Inspiration „Der Schlüssel zum Leben"	033
2. Sitzung - Geerdet sein „Auf den eigenen Beinen stehen"	043
3. Sitzung - Sich beziehen „Die Umwelt und ich"	053
Die kleine Chakrenlehre „Sieben Schritte auf dem Weg"	063
Übersicht der Kernsitzungen (4–7) „Eine neue Dimension"	070

verzeichnis

4. Sitzung - Kontrolle und Hingabe
  „Entdeckung der Sexualität" 075

5. Sitzung - Bauchgefühle
  „Im Zentrum des Seins" 085

6. Sitzung - Aufrichtigkeit und Zurückhaltung
  „Für sich selbst geradestehen" 095

7. Sitzung - Das Kopfzentrum
  „Du hast nichts zu verlieren..." 105

Übersicht der Integrationssitzungen (8–10)
  „Neue Wege entdecken" 114

8. Sitzung - Die Links-Rechts Spaltung
  „Innere Frau und innerer Mann" 119

9. Sitzung - Die Oben-Unten Spaltung
  „Ein neues Gleichgewicht entsteht" 129

10. Sitzung - Von der Spaltung zur Ganzheit
  „Die Integration beginnt" 139

Anhang - Meditation: Die stille Ekstase
  „Meditationsanleitungen & Literatur" 147

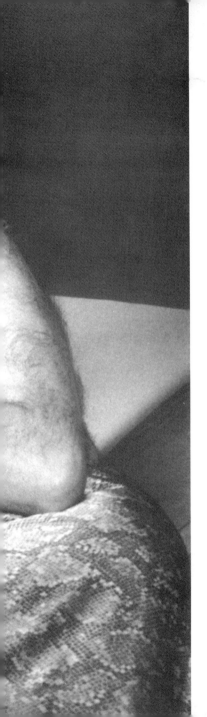

*O*sho

und

seiner

Vision

eines

ungeteilten

Menschen

gewidmet;

und allen

Menschen, die

die Liebe

zu ihrem Körper

wiederentdecken

wollen

Vorwort

♥

Der Körper ist der Anfang, der Körper ist dein Fundament; der Körper ist deine Erdung, deine Wurzel. Dich dazu zu bringen, gegen deinen Körper zu sein, bedeutet dich zu zerstören, bedeutet dich schizophren zu machen - bedeutet dich unglücklich, unwürdig zu machen, bedeutet die Hölle zu kreieren. Du „bist" der Körper, natürlich bist du noch mehr als der Körper, aber dieses „mehr" kommt später. Zuerst gilt es den Körper zu einem Freund zu machen, denn der Körper ist deine Grundwahrheit! Sei also niemals gegen den Körper, immer wenn du gegen den Körper bist, dann bist du gegen das Göttliche in dir; wann immer du respektlos deinem Körper gegenüber bist, dann verlierst du den Kontakt zur Realität, denn dein Körper ist dein Kontakt, dein Körper ist deine Brücke - dein Körper ist dein Tempel.

Osho – The Tantra Vision, Vol. 2

Jedesmal, wenn ich diese fünf Sätze lese, bin ich tief berührt von der einfachen Weisheit, die erst durch Osho für mich zugänglich, lebendig und klar geworden ist. Diese Sätze erinnern mich immer wieder daran, trotz oder gerade wegen aller meiner spirituellen Bemühungen auf dem Boden zu bleiben. Und das ist weißgott nicht so einfach. Jeder, der sich intensiv der Wahrheitssuche widmet, weiß das. Wie gerne fliege ich immer wieder davon in meinen Träumen und Visionen, aber wie sehr sich mein Innerstes auch eine heile esoterische Bilderbuchwelt wünscht - der beste Lehrmeister ist und bleibt der Alltag im Hier und Jetzt. Darauf hat Osho immer wieder hingewiesen, und dafür liebe ich diesen Mann am meisten.

Seit nunmehr 14 Jahren bin ich bewusst dabei, meinen Körper zu meinem Freund zu machen; meine Arbeit als Körpertherapeut, die zu meinem Lebensmittelpunkt geworden ist, hilt mir dabei auf sehr vielfältige Weise. Und langsam, je mehr ich in meinem Körper ankomme, um so mehr fühle ich, daß dieses „Mehr", von dem Osho erzählt, von selbst geschieht.

Dieses Buch soll nützliche Informationen, Erfahrungen und Anregungen geben, die dabei helfen können, die eigenen Wurzeln neu zu entdecken und den Körper wieder bewusst zu erleben. Bewusstheit ist der Schlüssel zu dem innersten Sein, und Bewusstheit kann, mit Liebe kombiniert, die Welt vor dem globalen Selbstmord bewahren. Leider jedoch ist Bewusstheit keine Ware, die man kaufen kann, sondern ein Samenkorn, das jeder Mensch in sich trägt. Dieses Samenkorn zum Keimen zu bringen hat sich Osho Rebalancing zur Aufgabe gemacht und wählt dabei den Weg der liebevollen und tiefen Berührung.

Einführung

Was bedeutet der Name Osho Rebalancing ?

„Osho" war früher bekannt unter dem Namen Bhagwan Shree Rajneesh. Der Name „Osho" ist eine hergeleitete Bezeichnung aus dem Altjapanischen und wurde erstmals benutzt von „Eka", um seinen Meister „Bodhidharma" anzusprechen. Die Silbe -O- bedeutet soviel wie „mit großem Respekt, Liebe und Dankbarkeit"; die Silbe -sho- bedeutet „multidimensionale Ausdehnung der Bewusstheit". Die Bezeichnung „Osho" symbolisiert den auf Meditation, Selbstfindung, Liebe und Bewusstheit ausgerichteten Aspekt und steht in diesem Zusammenhang für östliche Weisheit.

Die übersetzte Bedeutung von „Rebalancing" ist „wieder ins Gleichgewicht kommen". „Rebalancing" ist ein dynamischer, über Berührung vermittelnder Ansatz von Körperarbeit, der den „ganzen Menschen" integriert und energetisiert. Um dies zu erreichen, beinhaltet Rebalancing auch eine ganze Reihe von therapeutischen Techniken und Fertigkeiten. Die Bezeichnung „Rebalancing" repräsentiert den auf Wissenschaftlichkeit, Technik, Materie und Erdung ausgerichteten Aspekt und steht in diesem Zusammenhang für westliches „Know How".

Osho Rebalancing ist also eine Kombination aus östlicher Weisheit und westlichem „Know How".

Zur Geschichte von Osho Rebalancing

In der Mitte der 70iger Jahre entstand um den erleuchteten Meister Osho eine Kommune von spirituellen Suchern, die aus aller Welt nach Poona (Indien) angereist kamen. Unter ihnen waren auch viele Körpertherapeuten mit den unterschiedlichsten Erfahrungen, Ansätzen und Hintergründen aus ihrer bisherigen Arbeit.

Oshos Vision eines ungeteilten Menschen schaffte einen offenen, experimentellen Raum, in dem sich Körpertherapeuten miteinander austauschten und den Mut fanden, die Begrenzungen ihrer bisherigen Arbeit herauszufordern und zu überwinden. Diese einzigartige Situation führte zu einer leichten, spielerischen und humorvollen Atmosphäre, nachdem alte Strukturen wegzufallen begannen.

Im Jahre 1980 nannte Osho die hieraus entstande Art von Körpertherapie schlichtweg „Rebalancing". Später wurde dann die Bezeichnung Osho davor gesetzt, um den wichtigen meditativen Aspekt zu betonen. Seit dieser Zeit sind weltweit über 3000 Menschen zu Osho Rebalancern ausgebildet worden.

♥

*D*u mußt mit dem Anfang beginnen - der Körper ist der Anfang. Wenn du in der Lage bist, die Anspannung in deinem Körper loszulassen, dann kannst du dazu übergehen, die Anspannungen des Verstandes loszulassen. Der Verstand ist ein noch vielschichtigeres Phänomen. Wenn du erst einmal die Erfahrung gemacht hast, daß der Körper dir folgt, wirst du neues Vertrauen in dich gewinnen - nun kann auch der Verstand dir folgen.

Mit dem Verstand wird es ein bißchen länger dauern, aber es passiert. Wenn der Verstand entspannt ist, dann beginne damit, dein Herz zu entspannen, die Welt deiner Gefühle, Emotionen, was sogar noch vielschichtiger ist. Aber nun wirst du dich mit Vertrauen bewegen, mit großem Vertrauen in dich selbst - nun weißt du, es ist möglich. Wenn es mit dem Körper und dem Verstand möglich ist, wird es mit dem Herz auch möglich sein.

Und nur dann, wenn du diese drei Schritte gemacht hast, kannst du den vierten machen. Jetzt kannst du zum innersten Kern deines Seins gehen, welcher jenseits von Körper, Verstand und Herz ist - das absolute Zentrum deiner Existenz. Und du wirst in der Lage sein, auch dies zu entspannen. Und dieses Entspannen bringt mit Sicherheit die größte Freude, die möglich ist, die höchste Ekstase und Akzeptanz. Dann bist du mit einem Gefühl von Glückseligkeit und Feiern erfüllt, und dein Leben wird zu einem Tanz.

Die ganze Existenz ist am Tanzen — ausgenommen der Mensch. Die gesamte Existenz ist in sehr entspannter Bewegung. Sicherlich, sie ist in Bewegung, aber ihre Bewegung ist äußerst entpannt: die Bäume wachsen, die Vögel zwitschern, die Flüsse fließen und die Sterne bewegen sich. Das alles geschieht auf eine sehr entspannte Art und Weise: ohne Eile, ohne Hast und ohne Verschwendung. Ausgenommen der Mensch, denn er ist zum Opfer seines Verstandes geworden.

Der Mensch kann höher steigen als die Götter, und er kann tiefer fallen als die Tiere. Der Mensch hat ein großes Spektrum, vom Tiefsten bis zum Höchsten ist der Mensch eine Leiter.

Osho - The Tantra Vision, Vol. 2

Was ist das Ziel von Osho Rebalancing ?

Das Ziel von Osho Rebalancing ist es, die natürliche Beziehung zum Körper zu verbessern, das Gleichgewicht zwischen dem Körper, seinen Gefühlen und seinen geistigen Einstellungen wieder herzustellen. Ein weiteres wichtiges Ziel ist es, den individuellen Weg des Klienten zu unterstützen. Egal, wo jemand steht, wohin jemand geht, ob er auf einem Weg ist oder nicht. Osho Rebalancing beginnt damit, daran zu erinnern, daß der Körper ein Tempel ist.

Liebevolle, tiefe Berührungen machen die Anspannungen im Körper bewusst. Durch die entstehende Bewusstheit kann die Muskulatur Stück für Stück ihre Anspannung aufgeben. Während sich also der Körper zu öffnen beginnt, kann sich auch der Verstand nach und nach zurücklehnen. Der Verstand benötigt zwar noch einige Zeit, um abzuschätzen, daß ihm wirklich in dieser Situation keine Gefahr droht - dann aber wird auch er loslassen. Jetzt erst kann Raum dafür entstehen, die Gefühle besser wahrzunehmen. Da die Gefühle im täglichen Leben meist unterdrückt werden, kann der Umgang damit anfangs sehr überwältigend sein. Nachdem der entspannte Umgang mit den Gefühlen gefunden ist, wird es möglich sein, den inneren Kern des Seins kennenzulernen. Auch wenn es ebensoviele verschiedene Wege wie Menschen gibt, die zum innersten Zentrum führen, so haben sie doch eines gemeinsam: Körper, Verstand und Gefühle. Mit diesen Stationen muß ein jeder Suchender sich auseinandersetzen, bevor er ankommen kann in seinem Zentrum und schließlich auch jenes entspannt.

Die Erfahrung hat gezeigt, daß der Körper sowohl eine Kreation dessen ist, was der Verstand glaubt, als auch ein

Ergebnis davon, was das Herz fühlt. Aufbauend auf dieser Erkenntnis macht Osho Rebalancing muskuläre und psychologische Haltungs- und Einstellungsmuster bewusst. Durch die dadurch freigesetzte Energie entsteht ein leerer Raum, in dem ein harmonisches Zusammenspiel von Körper, Verstand und Herz möglich wird. Das Emblem von Osho Rebalancing symbolisiert diese im Dreieck angelegte wechselseitige Beziehung (siehe Abb. 1):

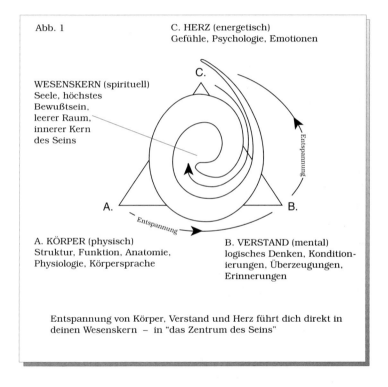

Abb. 1

C. HERZ (energetisch)
Gefühle, Psychologie, Emotionen

WESENSKERN (spirituell)
Seele, höchstes Bewußtsein, leerer Raum, innerer Kern des Seins

A. KÖRPER (physisch)
Struktur, Funktion, Anatomie, Physiologie, Körpersprache

B. VERSTAND (mental)
logisches Denken, Konditionierungen, Überzeugungen, Erinnerungen

Entspannung von Körper, Verstand und Herz führt dich direkt in deinen Wesenskern – in "das Zentrum des Seins"

Eines jeden Menschen Sehnsucht ist es, bewusst oder unbewusst, in den Wesenskern zu gelangen. Osho Rebalancing begleitet Menschen auf ihrem Weg dorthin.

Wie arbeitet Osho Rebalancing?

Die Basis von Osho Rebalancing ist die tiefe Bindegewebsarbeit. Darauf aufbauend bedient sich Osho Rebalancing einer Vielzahl von Techniken. Im Sektor der Berührungstechniken werden neben der tiefen Bindegewebsarbeit Elemente aus der Gelenkmobilisation, Massage, Polarity, Reflexzonenmassage, craniosacralen Arbeit und der intuitiven Herzberührung angewendet. An therapeutischen Techniken werden Elemente aus der Gestalttherapie, Counselinggesprächsführung, neo-reichianischen Arbeit, neuro-linguistischen Programmierung und der Arbeit mit dem inneren Kind angewendet. Einer der wichtigsten Bestandteile einer Osho Rebalancingsitzung ist Meditation.

Ferner arbeitet Osho Rebalancing mit einem 10-Sitzungs-System, auch Zehnerserie genannt. Diese Abfolge von Sitzungen ist inzwischen bei einigen Formen von Körperarbeit zur Tradition geworden. Im Osho Rebalancing wird diese Zehnerserie so eingesetzt, daß die zu behandelnde Person nicht zum „Gegenstand" reduziert wird. Das erfordert Wachheit, sowohl seitens des Osho Rebalancers als auch vom „Klienten", um für alles, was das „Hier und Jetzt" in sich birgt, offen zu sein. Wir können uns der Struktur dieses 10-Sitzungs-Systems bedienen, als geniale Landkarte durch das mysteriöse Territorium unseres Körpers, ohne dabei den Blick für das Einzigartige, Spontane und „Unbegreifliche" zu verlieren.

Dieses System ist ein in sich geschlossener, in einer gewissen Logik ablaufender Prozeß. Ida Rolf, die „Mutter der Körpertherapie", verdient allen Respekt für die Entwicklung dieses Systems, das als Gerüst auch von Osho Rebalancing übernommen wurde. Die erste Zehnerserie kann als eine Art Grundkurs in Körperbewusstsein betrachtet werden. Die Wirkung der Zehnerserie ist oft verblüffend stark und hält lange an. Erfahrungsgemäß benötigt der Körper zwischen drei und sechs Monate, bis er die Zehnerserie verarbeitet hat. Die Nachwirkungen sind zwar sehr subtil, lösen aber umwälzende Prozesse aus, die auch Konsequenzen und Veränderungen im täglichen Leben nach sich ziehen.

Durch den Einsatz dieser Techniken wird der Körper allmählich befreit von alten, einengenden Haltungsmustern, die früher zwar einmal ein notwendiger Schutz waren, jetzt aber die Entfaltung des menschlichen Energiepotentials behindern. Dadurch, daß der Körper weicher, beweglicher und fließender wird, muskuläre und psychische Verhärtungen sich auflösen, setzt sich Energie frei, die mehr Spontaneität, Gefühlstiefe und innere Klarheit ermöglicht. Der Körper wird zu einem Freund und Ratgeber auf der Reise zum „Inneren Selbst"!

Osho Rebalancing arbeitet mit der gesamten Person, unterstützt das Selbstbewusstsein und kreiert Selbstakzeptanz. Den Herausforderungen des Lebens kann nun in zunehmendem Maße spontan und unvoreingenommen begegnet werden. Gleichzeitig fördert Osho Rebalancing den Einklang mit der inneren Natur und damit die sensitiven Fähigkeiten des inneren Kindes. Osho Rebalancing behandelt den Körper als ein Geschenk von unschätzbarem Wert – nicht als einen Mechanismus, den es zu reparieren gilt! Die Einzigartigkeit des einzelnen Menschen, die Schönheit und Unzerstörbarkeit der Individualität sind Werte, die im Osho Rebalancing an erster Stelle stehen. Denn Osho Rebalancing ist eine subtile Kunst – weit mehr als nur eine Sache von mentalem Wissen und Verstehen.

♥

*W*achstum hängt von deiner Beziehung zum Körper ab. Dein Körper ist die vielschichtigste Erscheinung in der Existenz. Keine Blume, kein Baum hat einen so wundervollen Körper wie du. Kein Mond, keine Sonne, kein Stern ist mit einem so hochentwickelten Mechanismus ausgestattet wie du...

♥

*S*ei liebevoll gegenüber deinem Körper, achte deinen Körper, respektiere deinen Körper, sorge für deinen Körper - er ist das Geschenk Gottes. Behandle ihn gut, dann wird er dir große Geheimnisse enthüllen. Alles Wachstum hängt davon ab, welche Beziehung du zu deinem Körper hast.

Osho - The Tantra Vision, Vol. 2

Was sind die theoretischen Grundlagen?

A. Die Entstehung und Entwicklung individueller Form

Zur Entstehung eines Menschen sind nur zwei Zellen nötig. Beide Zellen, die männliche Spermazelle und die weibliche Eizelle enthalten jeweils eine komplette Erbinformation; der Unterschied liegt hauptsächlich in den verschiedenen Erbanlagen. Während der Schwangerschaft kommt nichts neues dazu; ein Mensch entsteht also durch Zellteilung dieser beiden miteinander verschmolzenen Zellen. Bei genauer Betrachtung der Entwicklung eines Menschenkindes erscheint das Wunder immer größer:

Aus zwei Zellen werden vier, acht, sechzehn usw.! Die ersten Zellverbände formen den Urdarm. Dann werden die Zellen immer spezialisierter (Zelldifferenzierung). Aus diesem Urdarm entstehen dann schließlich eine Art Wirbelsäule, die ersten Blutgefäße, Ansätze von Gehirn und Nervenbahnen. Bis hierher besteht beim menschlichen Fötus kein nennenswerter Unterschied zu vielen Tierföten. Jedes werdende Kind durchlebt die gesamte Entstehungsgeschichte der Menschheit im Zeitraffertempo:

Am Anfang steht der Einzeller (z. B. die Amöbe, die nur frißt und verdaut). Die nächstwichtige Entwicklungsstufe ist das Seetier (dem Fötus wachsen kurzzeitig Kiemen, die dann wieder verschwinden). Danach entwickelt der Fötus deutliche Gliedmaßen und sogar einen Schwanz, der sich dann wieder zurückbildet (Landtier). Erst dann entwickelt der Fötus langsam die Merkmale eines aufrecht gehenden Zweibeiners. Die unglaubliche Wahrheit ist also, daß die Informationen der gesamten Menschheitsgeschichte in einer einzigen Zelle gespeichert sind. Und das ist noch nicht alles, denn alle die verschiedenen Zellen (z. B. Hautzellen, Organzellen, Blutzellen, Muskelzellen, Gehirnzellen usw.), die sich im menschlichen Körper bilden, entstehen aus dieser einen Zelle. Jede Zelle des Körpers könnte also auch eine „Gehirn"-Zelle sein, bzw. auch die Urzelle ist eigentlich eine „Gehirn"-Zelle. Das bedeutet mit anderen Worten:

Jede Zelle des menschlichen Körpers hat eine Art „Gedächtnis", in dem sowohl die gesamte Menschheitsgeschichte als auch die persönliche Geschichte gespeichert ist. Außerdem „weiß" jede Zelle des Körpers alles, was in ihm vor sich geht.

B. Der Körper ist eine Einheit

Die körperliche Materie, sozusagen das „greifbare" Material, mit dem und durch das im Osho Rebalancing gearbeitet wird, ist das Bindegewebe. Diese elastische und dennoch unglaublich stabile Substanz gibt unserem Körper seine Form und besteht aus vielen Schichten, die Faszien genannt werden. Das Bindegewebe umhüllt jede einzelne Struktur unseres Körpers, vom feinsten Blutgefäß über jedes Organ bis hin zum größten Knochen. Dadurch ist im Körper sprichwörtlich alles miteinander verbunden, und die Aussage über den Körper als eine „organische Einheit" bekommt „handfeste Realität".

Interessant in diesem Zusammenhang ist auch die Tatsache, daß fast die Hälfte aller Muskelansätze im Körper an Faszien ansetzen. Daraus folgt, daß der Grad von Anspannung in der Muskulatur einen entscheidenden Einfluß darauf hat, wie locker oder angespannt die durch alle

Teile des Körpers verlaufenden Faszienschichten und -hüllen sind. Somit können wir auch den Zusammenhang zwischen körperlicher Anspannung und dem Zustand von Angst erkennen.

In einer Situation von Bedrohlichkeit zieht sich der Körper instinktiv zusammen. Hält dieser Zustand über einen längeren Zeitraum an, führt das zu einer chronischen Verkürzung der Muskulatur und der Faszien und damit zu einer Verengung des gesamten inneren Raumes im Körper. Beispielsweise taucht dann ständig das Gefühl auf, „nicht genug Raum zum Atmen zu haben", oder du bekommst das Gefühl, „aus der Haut fahren" zu wollen. Dieses Empfinden von körperliche Enge wiederum kann das Gefühl von Angst hervorrufen, womit sich der Teufelskreis schließt (siehe Abb. 2).

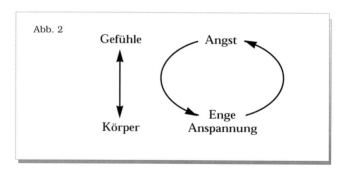

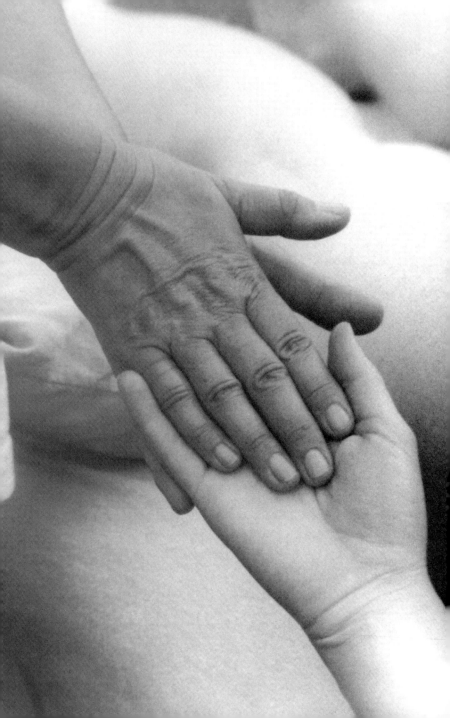

Was ist deren psychosomatische Bedeutung?

Jede Erfahrung, die ein Mensch macht, manifestiert sich auch im Körper, manchmal sogar sichtbar. Durch einen Unfall kann eine Schutzhaltung entstehen, wie z.B. eine hochgezogene Schulter, die vielleicht erst Jahrzehnte später Schmerzen auslöst. Damit verbunden sind psychische Erfahrungen, Einstellungen und persönliche Glaubensgrundsätze. Osho Rebalancing beschäftigt sich damit, die inneren Einstellungen bewusst zu machen und chronische Verhaltens- und Verspannungsmuster aufzuzeigen. Denn das Festhalten des Verstandes an bestimmten Überzeugungen und Einstellungen hat seine genaue Entsprechung im Festhalten des Körpers an bestimmten Blockaden und Verspannungen. Der Verstand ist vergleichbar mit einem Computer. Sein Grundprogrammm speichert er in den ersten vier Lebensjahren. Danach ist es zwar noch veränderbar, aber an grundlegenden Überzeugungen (z.B. „wenn ich lächle, bekomme ich Liebe" oder „wenn ich mich verstecke, so vermeide ich Gefahren") wird festgehalten.

Wir leben in einem Umfeld, das schon kleinen Kindern beibringt, wie man am allerbesten seine Energien unterdrücken kann. Die meisten Religionen dieser Welt lehren die Menschen, ihre Sexualität und damit ihre Körper abzulehnen, ja zu verdammen. Unsere Umgangssprache ist da sehr aufschlußreich: „zieh' den Kopf ein", „beiß' die Zähne aufeinander", „klemm' die Arschbacken zusammen", „zieh' den Schwanz ein, denn da mußt du durch"! Viele Menschen reagieren mit Liebesentzug oder anderen Repressalien, wenn ein Kind seine Energie auslebt, also z.B. schreit, laut ist oder Wut äußert! Dabei muß man sich vergegenwärtigen, daß „Liebe" für ein Kleinkind gleichbedeutend ist mit „Überleben". Der Körper dieses Kindes entwickelt nun

Verspannungsblockaden, die es vor solchen tödlichen Liebesentzugserfahrungen schützen sollen. Eventuell wird sich die Kehlmuskulatur verspannen, und die Energie, die nicht ausgedrückt wird, sammelt sich im Bauch, in den Beinen, im oberen Rücken und in den Armen. Es könnte theoretisch sogar dazu führen, daß diese eingefrorene Energie Jahrzehnte später ein Geschwür oder einen Tumor auslöst. Denn aus langen Beobachtungen und Erfahrungen weiß man inzwischen, daß ein enger Zusammenhang besteht zwischen bestimmten psychischen Zuständen oder Erinerungen und den zugeordneten Körperregionen.

So taucht bei tiefer Arbeit an der Brust oft die Erinnerung auf, alleingelassen worden zu sein (der Schmerz der Einsamkeit). Bei der Arbeit am oberen Rücken tritt häufig Wut und Raserei zutage. Die Behandlung der Kieferpartie befreit unter anderem Trauer und Verbitterung, die der Hüften meist sexuelle Reaktionen und ekstatisches Wohlgefühl. Bei der Schulter sind es Erinnerungen an Sorgen und streßerzeugende Verantwortung, um nur ein paar Beispiele zu nennen.

Es ist ein weit verbreitetes konditioniertes Muster, in unsicheren Situationen die Luft anzuhalten und die Muskulatur anzuspannen. Dadurch wird aus Unsicherheit eine Art Steifheit. Der moderne Mensch scheint sich lieber den Nacken zu verspannen und die Zähne zusammenzubeißen, anstatt zu erkennen und zu sagen, was er zu sagen hat. Eher spannt er seinen Bauch an, statt wahrzunehmen und zuzugeben, daß seine Gefühle verletzt wurden. Das Absurde ist, daß die Unsicherheit durch die Starrheit noch verstärkt wird. Aber diese Gewohnheiten bewusst wahrzunehmen und zu transformieren, bedarf einiger Übung.

Was ist die Rolle des Osho Rebalancers?

Die Rolle des Osho Rebalancers ist sehr vielschichtig. Da wir in einer verstandesmäßig orientierten Zeit leben, kommt der Körper mit seiner Weisheit oft zu kurz. Mit dem Körper wieder Kontakt aufzunehmen bringt oft Widerstände des Verstandes ans Tageslicht, denn die Bedürfnisse des Verstandes unterscheiden sich sehr von denen des Körpers. Es erfordert eine ganze Menge Selbsterfahrung und Geschick, den Körper dabei zu unterstützen, seine natürliche Wahrheit wiederzuentdecken, ohne dabei vom Verstand ausgebremst zu werden. Noch herausfordernder gestaltet sich die Arbeit mit den Emotionen.

In erster Linie geht es also darum, Situationen zu kreieren, in denen eigene Erfahrungen gemacht werden können, denn nur die Wirkung der eigenen Erfahrung ist dauerhaft. Die Osho RebalancerInnen haben in ihrer Ausbildung einen enormen Selbsterfahrungsprozess durchlaufen. Sie haben so gut wie alle Zustände, die während einer Be"hand"lung möglich sind, „hautnah" kennengelernt. Da Meditation bei dieser Ausbildung im Mittelpunkt steht, unterscheidet sich die Rolle des Osho Rebalancers von der in der Medizin üblichen Verantwortungsübernahme. In den Aufgabenbereich des Osho Rebalancers fällt es z.B.:

Verantwortung zu übernehmen für sich und seine Handlungen. Eine Atmosphäre zu schaffen, in der Selbstheilung geschehen kann. Anstöße zu vermitteln und seine Erfahrungen mitzuteilen. Seine Intuitionen anzubieten und präsent zu sein, für was auch immer geschieht. Meditation zu unterstützen und liebevolle Hilfestellung zu geben. Begleiter zu sein auf einem Weg, der mit dem Körper beginnt, aber nicht beim Körper endet.

Selbsterfahrungsbericht

„In dieser Rebalancingsitzung habe ich zum ersten Mal gespürt, wie verschlossen mein Herz war und wie voller Angst vor Nähe und Berührung. Ich war in einem Zustand zwischen Wachen und Schlafen, in dem ich meine Kontrolle aufgeben konnte. Da sah ich ein Bild, wie ich als Kind Berührung - von meinem Vater nur in Form von Schlägen, von meiner älteren Schwester nur als massive Ablehnung - erfahren habe. Demgegenüber stand die Überfürsorglichkeit meiner Mutter, die Angst um meine Gesundheit hatte. Durch dieses Bild wurde mir meine innere Zerrissenheit deutlich, und ich mußte darüber weinen, wie achtlos ich bisher mit mir umgegangen bin.

Diese Form der Berührung war für mich etwas völlig neues. Ich spürte zum ersten Mal meinen wahren Atem und mir wurde immer klarer, warum ich mit solchen Berührungsängsten durch die Welt laufe. Dadurch habe ich jetzt einen neuen Anfang gefunden, einen Ansatzpunkt, von dem aus ich weitermachen werde.

Ich hatte den Eindruck, daß sich nach der Sitzung mein Gesichtsausdruck völlig verändert hatte. Mein Blick war viel weicher und klarer geworden. Das kann ich bis heute beobachten: Sobald ich in meine alten negativen Denkmuster verfalle, werden meine Augen trüb und stumpf. Spüre ich dagegen das Leben von innen heraus sprühen und bin voller Optimismus und Experimentierfreude, dann strahlen meine Augen und sind klar.

Berührung war für mich bisher immer mit einer Ausbeutung in der einen oder anderen Richtung verbunden. Daß es eine bedingungslose Form der Berührung gibt, war eine Revolution für mich. Seither bin ich auch auf dem Weg, mich in der Bedingungslosigkeit gegenüber anderen Menschen zu üben.

Mir ist klar, daß eine Rebalancing Serie ohne die permanente Weiterarbeit im Alltag nicht von dauerhafter Wirkung sein kann. Schließlich sind alle meine körperlichen Manifestationen in langer 'Arbeit' durch anerzogene Begrenzungen entstanden. Nur durch das bewusste Daran-Arbeiten und Ausprobieren kann sich langfristig etwas verändern.

Um die Schmerzen, die ich mir im Laufe meines Lebens zugefügt habe, wieder spüren und erleben zu können, ist auch die Gratwanderung in der Rebalacingarbeit nötig: Dieses immer weiter an die persönliche Grenze zu gehen und eingeladen zu werden, noch ein kleines Stück weiter zu gehen, aber ohne dabei eine weitere Blockade auszulösen.

Es wäre vermessen, wenn ich behaupte, Rebalancing sei ein Allheilmittel. Und doch ist es die tiefe Berührung auf der körperlichen wie auf der seelischen Ebene, die einen solchermaßen ganzheitlichen Heilprozeß entfachen kann, daß sich dadurch mein gesamtes Leben verändern und harmonisieren kann. Und das ist der Fall, wenn ich von Herz zu Herz berührt werde, wie ich es in der oben beschriebenen Sitzung gespürt habe."

Karl

Hier noch ein paar Tips:

Dieses Buch ist in erster Linie ein Begleitbuch für die Zehnerserie. Es enthält eine Menge Zusatzinformationen, Übungen, Fragen, Hinweise und Anregungen für diesen Prozeß. Es hängt von dem Osho Rebalancer ab, inwieweit er/sie sich entscheidet, mit diesem Buch zu arbeiten. Und es hängt von dem Klienten ab, inwieweit er/sie das reichhaltige Angebot nutzen möchte. Die Erfahrung hat gezeigt, daß die Wirkung der Zehnerserie umso größer ist, je mehr in der Freizeit damit weitergearbeitet wird. Für diesen Fall werden hier vielfältige Möglichkeiten angeboten.

Für diejenigen, die kurz vor dem Beginn einer Zehnerserie stehen, folgendes hat sich als sehr unterstützend und hilfreich erwiesen: Für die Zeit der Sitzungen eine Art Tagebuch zu führen. Darin täglich fünf Minuten über sich selbst, den Körper und alle Dinge zu schreiben, die mit den Sitzungen zusammenhängen. Jeden Tag fünf Minuten eine der Übungen zu machen. Weitere fünf Minuten täglich den Körper zu cremen, zu pflegen oder ihm in irgendeiner anderen Form Aufmerksamkeit und Liebe zukommen zu lassen. Sich selbst und dem Körper also insgesamt fünfzehn Minuten täglich zu widmen.

Wenn die Fragen und Übungen bearbeitet werden, ist es ratsam, sich ausreichend Zeit zu nehmen und es gewissenhaft zu tun. Auch ist es gut, möglichst streßfrei in der Sitzung anzukommen und den weiteren Tagesablauf streßfrei zu halten! Das bedeutet, sich am besten eine Stunde vor und nach der Sitzung freizuhalten. Und schließlich noch der Tip, den ganzen Alltag für die Bewusstseinsschulung zu nutzen und täglich eine der Meditationen aus dem Anhang zu machen.

Informationen zum Behandlungsablauf

Jede Sitzung umfaßt in der Regel eine Zeitspanne von ca. 70 bis 120 Minuten. Als Abstand zwischen den einzelnen Sitzungen hat sich erfahrungsgemäß der Zeitraum von einer Sitzung pro Woche als am günstigsten erwiesen. Dies sichert die Regelmäßigkeit und gibt genügend Zeit und Raum, die Erfahrungen und Einsichten zu „verdauen". Dadurch können sie durch den Prozeß des Ver„stehen"s „schritt"weise in das tägliche Leben integriert werden. Der Körper braucht teilweise sehr lange, um psychische Prozesse zu verarbeiten. So kann er durchaus erst krank werden, wenn der damit verbundene psychische Prozeß schon aufgelöst oder längst vergessen ist.

Nach Abschluß der ersten Zehnerserie ist es ratsam, eine individuelle Pause von ca. 2-6 Monaten einzulegen. Nach dieser Verarbeitungs- und Integrationsphase beginnt die kontinuierliche Arbeit. Es ist empfehlenswert, einen weiteren Zehnerblock anzuhängen oder in Sitzungsblöcken zu je 3 oder 5 Sitzungen spezifische Themen zu vertiefen. Hier noch eine kurze, strukturelle Übersicht der ersten Serie:

Die Sitzungen 1 bis 7 beinhalten freisetzende, auf Bewusstheit und Entspannung ausgerichtete Arbeitsweisen. Die Sitzungen 1 bis 3 haben eine einleitende, von der Oberfläche ausgehende Qualität. Sie sind gleichzeitig eine Vorbereitung auf die Sitzungen 4 bis 7, die sogenannten "Kern" Sitzungen, die sich mit dem tiefer liegenden „Kern" des Körperbewusstseins auseinandersetzen. Die Sitzungen 8 bis 10 hingegen beschäftigen sich mehr mit integrierenden, auf das Ganzsein hinzielende Vorgehensweisen des Osho Rebalancers.

♥

Eine völlig neue Art von Erziehung wird in der Welt benötigt, durch die grundsätzlich jeder in die Stille des Herzens — mit anderen Worten, in Meditation eingeführt wird; durch die jeder darauf vorbereitet wird, mitfühlend mit seinem eigenen Körper zu sein. Denn bevor du nicht mitfühlend mit deinem eigenen Körper sein kannst, kannst du mit keinem anderen Körper Mitgefühl empfinden.

♥

Jede Erziehung, die dich nicht lehrt, deinen Körper zu lieben, die dich nicht lehrt, wie du in seine Geheimnisse eindringen kannst, wird nicht in der Lage sein, dich zu lehren, wie du in dein eigenes Bewusstsein gelangst.

Osho — Om Shanti Shanti Shanti

Übersicht der einleitenden Sitzungen (1-3)

1. Sitzung: Inspiration –   „Der Schlüssel zum Leben"

Der Atem spielt in der Zehnerserie eine sehr wichtige Rolle. Durch den Atem wird Sauerstoff auf körperlicher Ebene, Lebensenergie auf ätherischer Ebene spürbar gemacht. Die Tiefe der Atemzüge und deren Frequenz entscheidet über die Tiefe der Selbst- und Seinserfahrung. Der Atem ist das allgegenwärtige Medium, um Körperbewusstheit zu erlangen. Frage: „Was inspiriert mich?"

2. Sitzung: Geerdet Sein –   „Auf eigenen Beinen stehen"

Die Beine schaffen die Basis, stellen den Menschen auf den Boden (der Tatsachen) und bewegen ihn auf ein Ziel im Raum hin. Frage: „Wie stehe ich zu mir, wie stehe ich in der Welt?" „Wie weit gehe ich für etwas, das ich möchte?"

3. Sitzung: Sich Beziehen –   „Die Umwelt und ich"

Die Arme schaffen Kontakt zu Menschen, Dingen und Aktivitäten; sie sind die Körperteile, die das Geben und Empfangen nonverbal ausdrücken. Frage: „Wie begreife ich mich, wie begreife ich meine Umwelt?" „Behandle ich meine Umwelt liebevoll, oder gebrauche ich meine Ellenbogen?"

Zusammenfassung

Die Gliedmaßen sind der Teil des Körpers, der - ausgehend vom Zentrum (auch Kern oder Rumpf genannt) - in die Welt hinausgestreckt wird, um Funktionen wie Bewegung, Handeln, Kontaktaufnahme und Kommunikation auszuführen. Daher können die Gliedmaßen als psychosomatische Sonden angesehen werden, die es erlauben, sich über eigene Grenzen und Beschränkungen hinauszubewegen. Gleichzeitig sind sie es aber auch, die beschützen, die kämpfen, die Aktivitäten erst ermöglichen.

In diesen einleitenden Sitzungen geht es also zunächst darum, das gewohnte Atemmuster zu erkennen und zu vertiefen. Danach wird es wichtig, auf den eigenen Beinen zu stehen und dabei auch zu sich zu stehen. Schließlich rückt das Thema Beziehung in den Mittelpunkt, um bewusst zu erkennen, wie man zu seiner Umwelt steht.

♥

Die grundlegende Arbeit ist Körperarbeit, daran muß gedacht werden. Die Menschen müssen wieder in ihren Körper gebracht werden, sie sind zu weit in ihren Kopf gegangen, sie haben alle Wurzeln in ihrem Körper verloren.

Osho - Zarathustra, A God that can dance

Tagebuchseite

Beantworte dir selbst bitte folgende Fragen:

1. Was erhoffe ich mir von den Sitzungen?
2. Welche Umstände haben mich hierher geführt?
3. Was inspiriert mich in meinem Leben?
4. Kann ich zu mir stehen (Körper, Verstand, Gefühle)?
5. Wie gehe ich um mit meiner Umwelt (Außen & Innen)?

Übung 1 (benötigte Zeit ca. 30 Minuten)

Stelle dich unbekleidet vor einen großen Spiegel und betrachte dich selbst. Was fällt dir auf? Was magst du, was lehnst du ab? Beobachte dabei deine Urteile, Überzeugungen, Idealbilder und die damit verbundenen Gefühle.

Schreibe wahllos alle Urteile auf, die dir kommen. Danach mach' dir Spalten in deinem Buch und beginne die Urteile bestimmten Personen zuzuordnen (z.B. Vater, Mutter, Schwester, Bruder, Lehrer...). Mach' dasselbe mit allen Urteilen, die du über dich hast. Was fällt dir auf?

Filtriere nun die Urteile, die dich am meisten berühren, heraus und formuliere sie zu Glaubenssätzen. Kommen dir diese Sätze bekannt vor?

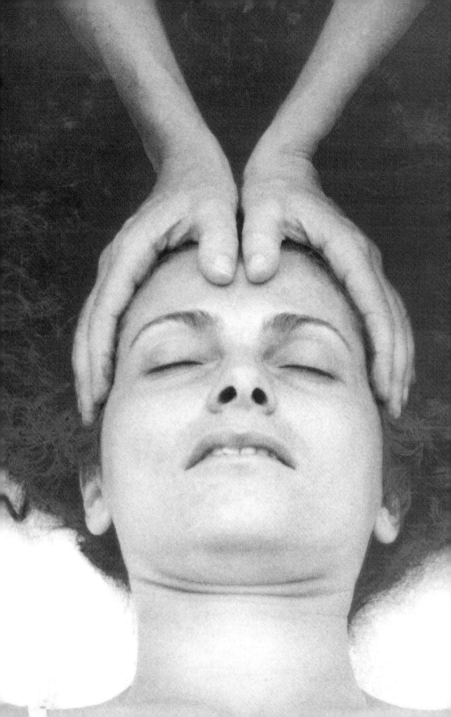

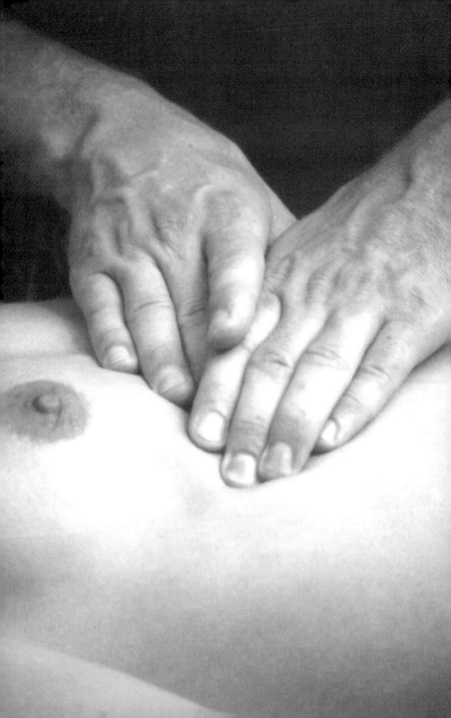

1. Sitzung

Inspiration

„Der Schlüssel zum Leben"

Brust und Atmung

Die Brust

Die Brust beherbergt als wichtigste Organe Herz und Lungen. Der Brustraum ist die Luftkammer des Körpers, Gas- und Energieaustausch finden hier statt. Angetrieben von den Pumpbewegungen des Herzens, durchfließt der aufgenommene Sauerstoff von hier aus den gesamten Körper. Gleichzeitig ist die Brust auch Sitz des Herzchakras. Die Gefühlsenergien, die durch das Zwerchfell aufsteigen, können im Herzen wahrgenommen, verarbeitet und umgeformt werden. Das Herz kann alle Energien fühlen wie z.B. Traurigkeit, Sorgen, Glück, Sehnsucht, Mitgefühl, Depression, Sehnsucht, Stolz, Freude, Liebe oder Liebeskummer. Wird es dem Herzen erlaubt zu fühlen, dann strömt die Energie weiter nach oben und findet Ausdruck durch Gesicht, Sprache, Arme und Hände.

Ist der Energiefluß jedoch schon im Zwerchfell blockiert, was bei Flachatmung zwangsläufig geschieht, dann wird die Brust steif und unbeweglich. Dadurch ist der gesamte Energieaustausch komplett eingeschränkt, und es „erstarrt" nicht nur der Körper, sondern auch alle seine lebenswichtigen und freudebereitenden Funktionen; die lebendige Lebensenergie findet keinen Nährboden und versiegt. (Siehe auch Zwerchfell, ab Seite 95.)

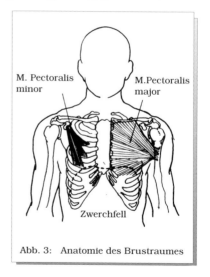

Abb. 3: Anatomie des Brustraumes

Die Atmung (In„spir"ation)

Die Atmung und die Lebenskraft hängen unmittelbar zusammen. Werden Fröhlichkeit, Wut oder Tränen ausgedrückt, dann ist die Atmung tief; werden Gefühle zurückgehalten, dann ist die Atmung flach. Ein Mensch, der z. B. nicht aus vollem Herzen lachen kann, der kann auch sein Weinen nicht ausdrücken. Zu vielen Emotionen, bzw. zu einem intensiven Leben gehört eine tiefe Atmung. Der aufgenommene Sauerstoff vertreibt die Müdigkeit und hebt die Körperenergie. Jede Andeutung von Atemunterdrückung beeinflußt den ganzen Körper in seiner Lebendigkeit auf dämpfende Weise.

Auch ist das Atemmuster eng verbunden mit dem grundlegenden Vertrauen in das Leben. Der Grundstein für starre Atemstrukturen wird beim Geburtsvorgang gelegt. Säuglinge wurden in der Vergangenheit häufig zu ihrem ersten Atemzug gezwungen! Neun Monate lang war das Baby geborgen im Mutterbauch. Bei dämmrigem Licht und gedämpften Geräuschen schwamm es schwerelos in warmer Flüssigkeit und bekam alles Lebensnotwendige durch die Nabelschnur zugeführt. Plötzlich ist es der Schwerkraft, Lärm, Licht und Kälte ausgesetzt. Es wird herausgezogen, an den Füßen hochgehoben und bekommt einen mehr oder weniger kräftigen Schlag auf den Po. Die nährende Nabelschnur wird meist abgeschnitten, bevor das Baby auf natürliche Weise das Atmen beginnen kann. Der erste Atemzug entsteht dabei unter Schockeinwirkung - welch eine Begrüßung in diesem Leben! Das Atmen ist die erste Handlung, die das Baby aus eigener Kraft vollbringt. Seine Lungen sind noch zusammengefaltet und sein Mund ist möglicherweise mit Fruchtwasser gefüllt. Zum natürlichen Geburtserlebnis kommen also noch

Atemnot, Verwirrung, Panik, unsanfte Berührungen und fehlende Mutternähe hinzu! Bei einer solchen klassischen Schocksituation werden bleibende Lebensmuster und Lebenseinstellungen geprägt. „Das Leben ist hart und schwer", „ich muß um alles kämpfen", wären zwei der möglichen Glaubenssätze. Im täglichen Leben äußern sie sich häufig durch Kleinigkeiten, zum Beispiel beim automatische Luftanhalten, wenn schwere Lasten gehoben werden. Doch durch das Anhalten des Atems wird die körperliche Anstrengung noch größer.

Die natürliche Atmung dagegen ermöglicht ein Leben voller Kraft, Hoffnung und Selbstzufriedenheit. Gleichzeitig erweitert es die Fähigkeit einer Person, ein höheres Energieniveau zu fühlen und auszudrücken. Die Erhöhung der Vitalkapazität schafft die Basis für Spiritualität (Wiedererlangung der vollen Lebens- und Seinserfahrung). Spirituelles Wachstum vermehrt die Erfahrung von Zufriedenheit mit dem Leben selbst. Der Körper ist von Anbeginn „inspiriert", und jeder Moment, jeder Atemzug ist eine Gelegenheit, Lebensfreude und Lebenskraft einzuatmen! Die Atmung beinhaltet die einzigartige Möglichkeit, den Körper als Türe zur Seele zu erfahren und nicht als Gefängnis, Last oder Leidensquelle.

Psychosomatik

Schmerzen oder Anspannungen im Brustbereich bedeuten im allgemeinen, Angst davor zu haben, das Herz zu fühlen. Seelischer Schmerz, die Angst, alleine zu sein, Sehnsucht, Sorgen und Seufzen kommen häufig in dieser Sitzung ans Tageslicht. Ist die Brust zu schwach ausgeprägt, sind folgende Gefühle häufig vertreten: Depression, Qual, Passivität, chronische Furcht und Minderwertigkeitskomplexe, Anfälligkeit zu Asthma und Bronchitis. Ist die Brust zu stark ausgeprägt, kann chronische Unruhe, Anspannung und damit Anfälligkeit zu hohem Blutdruck, Tuberkulose und Herzproblemen entstehen.

Weitere mögliche Themen der 1. Sitzung

Das grundsätzliche Vertrauen in das Leben und der Lebenswille auf feinster Ebene. Sich genügend Raum zu geben im Leben. Ebenso die Fähigkeit zu Selbstausdruck, Stolz und Selbstdurchsetzung.

Fragen:

Was inspiriert mich? (Inspiration; lat.: den göttlichen Hauch einblasen, eine Idee eingeben bzw. einatmen) Was bewegt mich in der Tiefe, was motiviert, energetisiert, was macht mich an? Was sind meine Lebensziele, warum bin ich hier?

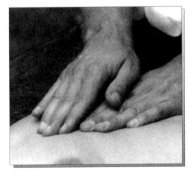

♥

*D*ie Atmung ist etwas, um das man sich kümmern muß; sie ist eines der wichtigsten Dinge. Wenn du nicht voll atmest, kannst du nicht voll leben. Dann wirst du dich in nahezu allem zurückhalten, auch in der Liebe. Auch beim Sprechen wirst du dich zurückhalten, du wirst nicht vollständig kommunizieren; etwas bleibt immer unvollständig.

Wenn erst die Atmung vollkommen ist, kommt auch alles andere ins Lot. Atmen ist Leben. Aber die Menschen ignorieren das, sie machen sich überhaupt keine Gedanken deswegen, sie schenken dem Atmen nicht die geringste Beachtung. Dabei geschieht alle Veränderung in dir nur durch Veränderungen in deiner Atmung.

Wenn du den Atem anhältst, hört alles auf: Weinen, Tränen, alles. Dann wird es allmählich zu einer festen Gewohnheit, nicht wütend zu werden, nicht zu weinen, dieses nicht zu tun, jenes nicht zu tun. Das Kind lernt, die Kontrolle zu behalten, indem es flach atmet. Wenn es vollständig und total atmet, wie es jedes Kind *von Geburt aus tut, dann wird es wild. Also verkrüppelt es sich selbst. Jedes Kind, ob Junge oder Mädchen, fängt einmal an, mit den Geschlechtsorganen zu spielen, weil das ein angenehmes Gefühl erzeugt. Das Kind hat keine Ahnung von den gesellschaftlichen Tabus und Unsinnigkeiten, doch wenn deine Mutter oder dein Vater oder sonst jemand dich mit deinen Geschlechtsorganen spielen sieht, sagen sie dir, daß du sofort damit aufhören sollst.*

Und es ist eine solche Ablehnung in ihren Augen, daß du schockiert bist und Angst bekommst, tief zu atmen, denn durch tiefes Atmen werden deine Geschlechtsorgane von innen massiert. Das erzeugt Probleme, und deshalb atmest du nicht tief; lieber nur flach atmen, damit du deine Geschlechtsorgane nicht spürst.

Jede Gesellschaft, die den Sex unterdrückt, erzeugt zwangsläufig diese flache Atmung. Nur die Primitiven, die keine unterdrückende Einstellung zum Sex haben, atmen vollständig. Ihre Atmung ist schön, sie ist vollständig und ganz. Sie atmen wie die Tiere, sie atmen wie die Kinder.

Osho - Above all don´t Wobble

Übungen

Übung 2   (benötigte Zeit ca. 10 Minuten)

Beobachte ein Kind, und das ist das natürliche Atmen, und atme auf diese Weise. Laß beim Einatmen deinen Bauch hochgehen und beim Ausatmen runterkommen. Und laß dies in einem solchen Rhythmus geschehen, daß es fast zu einem Lied deiner Energie – ein Tanz mit Rhythmus, mit Harmonie wird. Und du wirst dich so entspannt fühlen, so lebendig, daß du dir nicht vorstellen kannst, daß eine solche Lebendigkeit möglich ist.   Osho – Meditation: The Art of Ecstasy

Übung 3   (benötigte Zeit ca. 20 Minuten)

Lege dich bequem auf den Rücken und atme langsam, aber tief durch. Beobachte genau deinen Atem – wo im Körper ist dein Atem spürbar? Finde eine Körperregion, an die dein Atem gar nicht oder kaum gelangt. Lege auf diese Stelle deine Fingerspitzen. Atme weiter und ziele mental in deine Fingerspitzen. Auch wenn du den Atem an der Körperstelle nicht spürst, wirst du ihn in deinen Fingerspitzen spüren. Atme immer weiter, werde dir deines Atems immer bewusster, und du wirst nach und nach eine Veränderung in der Körperregion feststellen. Je mehr Bewusstheit in den Körper dringt, desto mehr wirst du Weichheit, Wachheit und Entspannung spüren. An einer schmerzenden Stelle kannst du mit ein wenig Übung nach wenigen Minuten schon Linderung erreichen, allein durch das Atmen. (Achtung: bei anhaltendem Schmerz konsultiere deinen Arzt!)

Selbsterfahrungsbericht

Eine Empfehlung und natürlich meine Neugier ließen mich meine erste Osho Rebalancingsitzung buchen - diese Behandlung, diese Berührungen sollten mein ganzes Leben verändern. Da stand ich also vor meinem Rebalancer, nur mit einer Unterhose bekleidet. Es machte mich unsicher, von ihm gemustert zu werden - ich sagte es ihm. Darauf lachte er nur freundlich und stellte mir einige Fragen zu meinem Körper. Dann sollte ich mich auf den Massagetisch legen. Er begann, meinen Körper bequem auszurichten, mich sanft, aber fest zu berühren und zu massieren.

Soweit ich mich erinnere, lag ich noch keine zehn Minuten auf dem Tisch, als er sehr fest auf eine Stelle meiner Brust drückte. Ich lachte kurz auf wegen des starken Druckes und des Schmerzes, dann aber verwandelte sich mein Lachen innerhalb weniger Sekunden in ein tiefes Schluchzen und Weinen. Ich begriff nicht, was in diesem Moment geschah; eine Welle von Schmerz überschüttete mich geradezu. Ich tat, was mir sonst eher schwer fällt: Ich ließ es einfach geschehen. Ich weinte wie selten zuvor in meinem Leben. Ich bemerkte, daß es weniger der körperliche Schmerz war, der mich so sehr erschütterte. Die Berührung an sich war es, die mich an meine große Sehnsucht nach echter Nähe und liebevollem Körperkontakt erinnerte. Diese Berührung erreichte augenblicklich mein Herz, weil sie selbst vom Herzen kam. Das war keine kalkulierte Berührung; ich fühlte mich einfach geborgen und konnte meine Gefühle aufrichtig zeigen.

Bernd

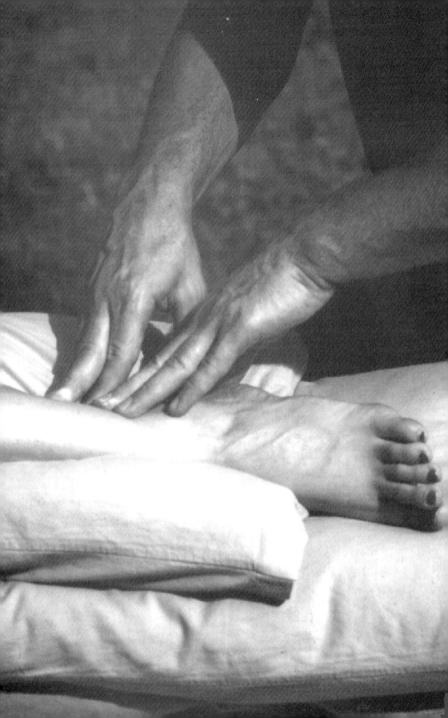

2. Sitzung

Geerdet sein

„Auf den eigenen Beinen stehen"

Beine und Füße

Die Beine

Das Thema der Beine ist eng verwoben mit Selbstständigkeit, Selbstsicherheit, Körperbeherrschung und Ausdruck des Willens. Stehen beide Beine fest auf der Erde, spricht man von einem guten Realitätssinn oder von Bodenständigkeit. Stehen die Beine dagegen unsicher oder schweben sie gar über dem Boden der Tatsachen, so spricht man von Wirklichkeitsfremdheit. Ein guter Stand vermittelt das Gefühl von Sicherheit und Stabilität.

Als Kleinkind gilt es zunächst, überhaupt ohne Stütze bzw. Hilfe stehen zu können; dann erst kann allmählich der abenteuerliche Balanceakt des Laufens beginnen. Die Meisterschaft im Gehen und Stehen zu erlangen, hat tiefe psychologische Verbindungen. Man spricht vom psychischen oder seelischen Gleichgewicht! Optimal ist es, sich beim Stehen sicher und entspannt zu fühlen und beim Laufen gefaßt und flexibel zu sein. Auf körperlicher Ebene ist es also wichtig, auf beiden Beinen mit demselben Gewicht zu stehen, in einer Linie mit der Gravitation zu sein und zu wissen, wo oben und unten ist.

Die Füße

Die Füße sind vergleichbar mit den Wurzeln eines Baumes, die umso mehr Erdenergie - somit Lebenskraft - gewährleisten, je tiefer sie in die Erde reichen. Der Körper ist die Wurzel unseres Seins in der Realität, die Füße wiederum sind die Wurzeln des Körpers. Aus der Erde ent„stehen" wir, auf ihr gehen und stehen wir. Genauso wie der Stand, ist auch der Ver„stand" und der psychische Kontakt zur Mutter Erde. Mit den Füßen kommen wir in Kontakt mit dem Boden, mit der Erde. Erdung bedeutet also, die Energie fließen zu lassen zwischen der Erde und sich selbst. Dieser Fluß ermöglicht das Ver„stehen" und vermittelt das Gefühl, einen Platz auf der Erde zu haben.

Der Ver„stand" ermöglicht es, die gegebene Realität einzuordnen, einzugliedern, abzuwägen und sich intelligent mit der Umwelt auseinanderzusetzen. Das Verstehen schafft die Verbindung zur Realität, es schafft die Basis. Ver„stehen" ist die Fähigkeit, Information in Wissen umzuwandeln! Ausgeglichenheit ist die Fähigkeit, scheinbar gegensätzliche Standpunkte gleichzeitig zu sehen und nicht als wiedersprüchlich, sondern als einander ergänzend zu betrachten!

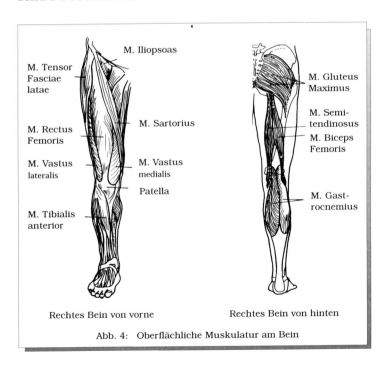

Abb. 4: Oberflächliche Muskulatur am Bein

Psychosomatik

Schmerzen oder Anspannungen in den Beinen und Füßen bedeuten im allgemeinen die Erde, die Basis, den Boden unter den Füßen nicht spüren zu wollen. Wut, Kampf, Trotz, die Tendenz wegzulaufen und die Angst zu versagen sind hier häufig die Themen. Schmerzen im Fuß beziehen sich auf Angst vor dem inneren Sein, dh. davor, sich selbst zu sein. Schmerzen im Knöchel sind meist Angst vor Gewandtheit, Bewegung, und Veränderung. Schmerzen in der Wade hängt zusammen mit der Angst vor Aktion und Handlung. Die Waden bewegen das innere Sein und ermöglichen die Weiterentwicklung. Anspannung und Schmerz im Knie deuten hin auf die Angst vor Veränderung, Tod, Transformation, Bewegung, Gewandtheit, vor dem Gefühl der Leichtigkeit und Gegenwärtigkeit. Spannung und Schmerz im Oberschenkel schließlich ist oft die Angst vor der eigenen Kraft und Kontinuität.

Ein Mensch mit schwächlichen, unterentwickelten Beinen fühlt sich meist schwach und zerbrechlich; er kann nicht „auf eigenen Beinen stehen". Ein Mensch mit dünnen, straffen Beinen ist im allgemeinen ein ruheloser Mensch. Er fühlt sich spontan und vital, tendiert aber zur Unregelmäßig- bzw. Unbeständigkeit. Ein Mensch mit dicken, überentwickelten Beinen bewegt sich schleppend durchs Leben; alles ist anstrengend, er ist selten aktiv. Ein Mensch mit massiven, muskulösen Beinen hat meist eine etwas steife Persönlichkeit, er hält gerne fest und hat Schwierigkeiten, sein Leben zu verändern oder umzugestalten.

Die Füße haben ein enormes Gewicht auszuhalten. Bei den geringsten Tendenzen zu Ungleichgewicht kommt es

Genu valgum Genu varum Normales Knie

Abb. 5: Sensibles Gleichgewicht im Kniegelenk

zu Gelenksdeformationen im Knie oder im Knöchel-Fuß-Komplex.

Durch Ungleichgewicht in Füßen und Beinen können neben den Fußerkrankungen (z. B. Zehendeformitäten, Fußdeformitäten, Durchblutungsstörungen, Krampfadern) auch Folgebelastungen für den Rumpf entstehen (z.B. Hüftgelenksleiden, Rückenschmerzen, Nackenbeschwerden bis hin zu Kopfschmerzen).

Weitere mögliche Themen der 2. Sitzung

Sein Leben zu erden, seine Wurzeln zu pflegen und auf den eigenen zwei Beinen zu stehen.

Fragen:

„Trete" ich für mich selbst ein? Beziehe ich Stellung im Leben, oder „laufe" ich vor Konflikten weg? „Stehe" ich auf dem Boden der Realität? Bin ich mit der Mutter Erde verwurzelt? Habe ich einen „Stand"punkt? Kann ich ihn flexibel verändern oder beharre ich darauf? Kann ich mich zielstrebig vorwärts bewegen? Weiß ich, wo es im Leben für mich langgeht?

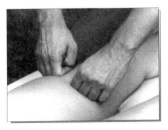

♥

*D*er Mensch sollte als eine organische Einheit leben. Sein ganzer Körper sollte mit einbezogen werden, auch die Füße. Denn durch deine Füße bist du in Berührung mit der Erde - durch sie bist du geerdet. Wenn du den Kontakt zu deinen Beinen und deren Stärke verlierst, dann werden sie tote Anhängsel - dann bist du nicht länger verwurzelt in der Erde.

Dann bist du ebenso schwach wie ein Baum, dessen Wurzeln tot oder verrottet sind. So kann der Baum nicht als organische Einheit leben, er kann nicht einmal überleben. Deine Füße müssen in der Erde verwurzelt sein; sie sind deine Wurzeln.

Versuche einmal folgendes Experiment. Einfach nackt, stehe irgendwo - am Strand, am Fluß, nackt in der Sonne. Fange an zu hüpfen, laufen und fühle deine Energien durch deine Füße, durch deine Beine in die Erde fließen. Dann, nach ein paar Minuten Laufen, stehe *still, verwurzelt in der Erde, und fühle die Verbindung deiner Füße mit der Erde. Und plötzlich wirst du dich sehr verwurzelt fühlen, geerdet, solide.*

Dann wirst du sehen, daß die Erde kommuniziert, du wirst sehen, daß deine Füße kommunizieren. Ein Dialog entsteht zwischen der Erde und dir. Dieses „Erden" ist verloren gegangen. Die Menschen sind entwurzelt geworden; sie sind nicht länger geerdet. Und dann können sie nicht leben, denn „Leben" gehört zum ganzen Organismus, nicht nur zum Kopf.

Osho - YOGA: the alpha and the omega Vol. 9 # 4

♥

Geerdet sein bedeutet, du wirst fast Teil der Erde und erlaubst der Schwerkraft, in dir zu fließen, dich zu durchfluten.

Osho – The Art of Ecstasy

Übungen

Übung 4   (benötigte Zeit ca. 5 Minuten)

Beobachte dich selbst beim Gehen und Stehen. Wieviel Anstrengung liegt in deinem Gang bzw. Stand? Achte auf alle Muskeln, die du anspannst, um deinen Körper in aufrechter Position zu halten. Gehe ein paar Minuten langsam und fühle aufmerksam in die Tiefe des Körpers. Brauchst du wirklich alle Muskeln, die du anspannst?

Versuche dann eine Position zu finden, in der du das Gefühl hast, daß Ballen und Fersen das Gewicht gleichermaßen tragen. Danach entsichere deine Knie und laß die Erdenergie auch in Bauch und Kiefergegend fließen. Stelle dir vor, an deinem Scheitel ist eine Schnur festgemacht, die dich leicht nach oben zieht. Stelle fest, um wieviel du mit dieser Schnur leichter und aufrechter gehst und stehst!

Übung 5   (benötigte Zeit ca. 15 Minuten)

Die Atemtechnik während des Gehens ist besonders für Spaziergänge und Wanderungen geeignet. Zähle im Takt der Schritte, je nach Gehgeschwindigkeit von eins bis fünf, sechs oder sieben, z.B. fünf Schritte einatmen, fünf Schritte Luft anhalten, fünf Schritte ausatmen und wieder fünf Schritte Luft anhalten. Dann wieder von vorn. Kurze Pausen einlegen, um Luft zu schöpfen. Schon nach wenigen Minuten spürst du, daß der Gang bewusster und leichter wird.

Selbsterfahrungsbericht

Meine Beine, vor allem das rechte, waren lange Jahre wie abgestorben. Ich bin viel gestolpert und gefallen und war recht unsicher beim Laufen. Trotz vieler Erdungs- und Atemübungen hat sich mein Zustand nicht verändert. Wo die Ursache liegt, wurde mir erst bei einer Sitzung klar.

Während ich durch einen Gefühlswust von Widerstand, Übelkeit und ein ganz starkes Gefühl des Abgestorbenseins ging, erlebte ich wie im Wachtraum diese Schlüsselsituation, in der mich die Nachricht des Todes eines nahen Freundes erreichte. Damals fiel ich in Ohnmacht, und Medikamente ließen mich ein paar Tage lang schlafen. Nun wurde mir bewusst, daß ich damals den Schmerz nicht ertragen wollte - etwas in mir starb ab. Bildlich sah ich, wie ich dem Freund mein rechtes Bein mit ins Grab gab.

Ich fragte nun meinen Freund: „Magst du mir mein Bein wieder zurückgeben?" Sofort geschah es, und ich sah erst die Knochen, dann Muskeln, Sehnen, Gefäße und schließlich Haut und Haare nachwachsen. Lange Zeit war das Bein dann noch eiskalt, und auch die Unsicherheit wich nur langsam, doch heute fühlt es sich bewusster und integrierter an. Vor allen Dingen spüre ich, wie sich mein Selbstverständnis entwickelt. Ich sehe, wieviel besser ich mich jetzt annehmen kann, so wie ich bin - und ich stehe als empfindsame, offene und lebendige Frau im Leben.

Gisela

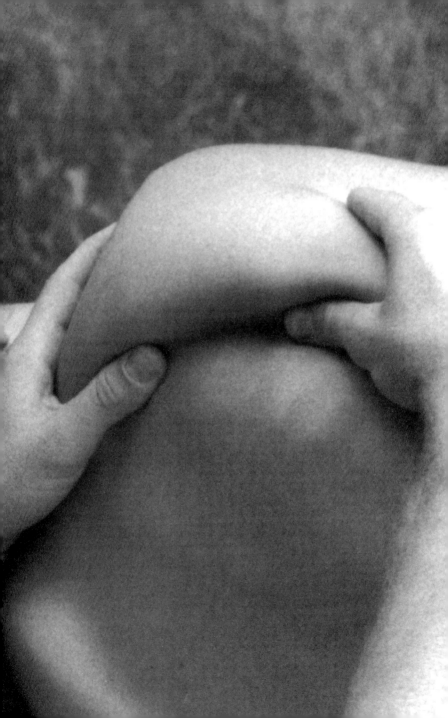

3. Sitzung

Sich beziehen

„Die Umwelt und ich"

Schulter, Arme, Hände und Körperseiten

Die Schultern

Die Schultern haben eine Vermittlungsfunktion zwischen den emotionalen Kräften des Rumpfes und den expressiven Elementen der Arme und Hände. Der Verstand zensiert die meisten emotionalen Handlungen bereits im Zwerchfell. Dennoch erreichen viele expressive Kräfte die Schultern. Aber auch hier werden sie nicht zum öffentlichen Ausdruck durch Arme und Hände freigegeben, sondern wiederum größtenteils zensiert.

Der daraus entstehende Konflikt führt sowohl zu einem angespannten Verhältnis mit der Umwelt als auch zu angespannten Schultern. Je mehr also der Verstand meint zensieren zu müssen, aus welchen Gründen auch immer, um so stärker wird die Anspannung in den Schultern. Denn diese zensierten Energien zurückzuhalten, erfordert viel Anstrengung. Darum kann man die Schultern als eine Art Thermometer für das Gefühl von Anstrengung betrachten! Durch die Behandlung der Schultern läßt sich das Gefühl von Anstrengung aus dem ganzen Körper vertreiben. Das dann entstehende Gefühl von Leichtigkeit hält an, bis der Verstand wieder beginnt zu zensieren.

Die Arme

Die wichtigste Funktion der Arme und Hände ist es, den Menschen seiner Umwelt näherzubringen! Ausdrücke wie be„greifen", be„handeln", sich be„fassen" mit, „hand"eln, „Mani"pulation deuten auf die Funktion der Arme und Hände hin. Kleinkinder haben noch diesen natürlichen Drang, alles anzufassen, um einen Kontakt herzustellen. Erwachsene dagegen leben fast nur noch über die Augen und lassen sowohl ihren Tastsinn als auch die anderen Sinne verkümmern! Nicht nur das Berühren ist wichtig, sondern auch das Berührtwerden. Ohne Berührung werden Menschen depressiv, zurückgezogen, hoffnungslos, aggressiv und bleiben manchmal sogar geistig zurück!

Eine Person, die im Gleichgewicht ist, benutzt nur soviel Anstrengung, wie es für ihre Aktionen nötig ist. Sie hat den Wunsch zu berühren, Hände zu halten, andere zu umarmen bzw. Liebe, Spontaneität und Kreativität zu teilen. Sie ist rundum eine berührende Person, die auf natürliche Art und Weise mit dem Leben in Kontakt treten möchte. Gleichzeitig hat sie die Fähigkeit, sich zurückzuziehen vor Dingen oder Menschen, die ihr nicht entsprechen.

Die zwei wichtigsten Schlüsselgesten sind das „Sich abgrenzen" und das „Um Hilfe bitten". Diese Gesten auszudrücken und dabei im Gleichgewicht zu bleiben, heißt gleichermaßen fähig zu sein zu geben und zu nehmen, zu lehren und zu lernen, zu umarmen und sich abzuwenden.

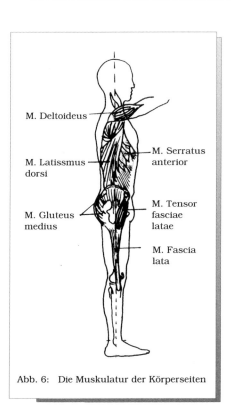

Abb. 6: Die Muskulatur der Körperseiten

Psychosomatik

Schmerzen in den Schultern und den Oberarmen bedeuten im allgemeinen, Angst zu haben vor Enttäuschung. Schmerzen im Unterarm steht für die Angst vor Strafe und Schmerzen in den Händen ist häufig die Angst davor, Fehler zu begehen. Sich nicht gesund abgrenzen zu können, nicht um Hilfe bitten zu können, sich also unnötige Berge von Verantwortung aufzuladen, diese Themen stehen bei der Schultersitzung häufig im Mittelpunkt.

Viele eingefrorene bzw. nicht verarbeitete Erlebnisse setzen sich in den Schultern fest. Ein Mensch mit runden gebogenen Schultern trägt die Last der ganzen Welt auf seinen Schultern - er führt ein Leben in Resignation. Ein Mensch mit hochgezogenen Schultern hat Angst; er fühlt sich unsicher und projiziert seine Furcht auf alle seine Lebenssituationen. Ein Mensch mit nach vorne gebogenen Schultern befindet sich in einer chronischen Haltung des Selbstschutzes und hat ständig Furcht, verletzt zu werden - er versucht seine Brust und das Herz zu beschützen. Ein Mensch mit gestrafften Schultern fühlt sich selbstsicher, stark und mächtig, aber meist handelt es sich dabei um eine Kompensierung für die Unfähigkeit, vom Herzen bzw. „Sein" her, Kontakt mit der Umwelt aufzunehmen.

Sind die Schultern zurückgezogen, ist dieser Mensch ständig bereit loszuschlagen! Ein Mensch dagegen mit schmalen Schultern ist den Belastungen des Lebens überhaupt nicht gewachsen. Ein Mensch mit schwachen, unterentwickelten Armen bekommt sein Leben nicht in den Griff, er hat chronischen Mangel an Initiative. Ein Mensch mit massigen Armen neigt zu rohen Umgangsformen. Alles, was er will, hält er fest, wenn nötig mit brutaler Gewalt. Ein Mensch mit dünnen, festen Armen hat etwas Zupackendes, er kann aber nichts für längere Zeit festhalten. Ein Mensch mit dicken, unterentwickelten Armen handelt leblos und träge. Es fehlt ihm an Geschmeidigkeit und Energiefluß. Ist Aggressionsenergie ein Leben lang aufgestaut und findet auf kreative Weise keinen Ausgang, so wirkt diese Energie zerstörerisch, entweder nach außen oder nach innen durch Krankheiten wie z. B. Magengeschwür, Herzinfarkt und Gallenprobleme. Jede Form von gestauter Energie in Schultern und Armen führt zu Schulter-Armsyndromen, Nacken- und Kopfschmerzen, verschiedenen Formen von Durchblutungsstörungen der Arme und zu Gelenkerkrankungen (z. B. Gicht).

Weitere mögliche Themen der 3. Sitzung

Be„rühren" und Be„greifen", das Er„fassen" der Umwelt; das Erlernen von Pflichtgefühl, Selbstmotivierung und Selbstverantwortung.

Fragen:

Kann ich um Hilfe bitten, wenn ich sie brauche? Kann ich Hilfestellung geben, wenn andere sie brauchen? Kann ich mich offen, ehrlich und klar abgrenzen? Ergreife ich persönliche Initative? Bin ich ziel- und richtungsorientiert?

♥

*L*eben ist gegenseitige Abhängigkeit. Niemand ist unabhängig. Nicht für einen einzigen Moment kannst du allein existieren. Du brauchst die gesamte Existenz, um dich zu unterstützen. Was meinst du? Sind Wellen unabhängig vom Meer oder sind sie abhängig vom Meer? Beides ist nicht wahr. Sie sind das Meer, weder abhängig, noch unabhängig. Das Meer kann nicht ohne die Wellen existieren, und die Wellen können nicht ohne das Meer existieren. Sie sind ein und dasselbe, sie sind eine Einheit. Und so ist unser ganzes Leben. Wir sind Wellen im kosmischen Meer der Bewusstheit.

Das bedeutet, Liebe kann drei Dimensionen haben. Eine ist die von Abhängigkeit; das geschieht mit dem Großteil der Menschen. Die zweite Möglichkeit, die passieren kann, ist Liebe zwischen zwei unabhängigen Personen. Das geschieht nur ab und zu, und es bringt ebenfalls Elend. Und die dritte Möglichkeit ist die von gegenseitiger Abhängigkeit (interdependence). Das geschieht sehr selten, aber immer, wenn es passiert, fällt ein Stück Paradies auf die Erde.

♥

Sich Beziehen bedeutet, du fängst immer wieder an, du versuchst fortlaufend bekannt zu werden. Immer wieder stellt ihr euch gegenseitig vor. Du versuchst, viele Facetten der Persönlichkeit des anderen zu sehen. Du versuchst, tiefer und tiefer einzudringen in die Bereiche der inneren Gefühle des anderen, in die tiefen Winkel seines Seins. Du versuchst, ein Mysterium aufzudecken, das nicht aufgedeckt werden kann.

Das ist die Freude der Liebe: Die Erforschung der Bewusstheit. Und wenn du dich beziehst und es nicht zu einer Beziehung reduzierst, dann wird der andere ein Spiegel für dich sein. Während du ihn erforschst, wirst du unbewusst auch dich erforschen. Tiefer in den anderen eindringend, seine Gefühle kennenlernend, seine Gedanken, seine tieferen Bereiche, wirst du deine eigenen tieferen Bereiche kennenlernen. Liebende werden zu gegenseitigen Spiegeln, und dann wird Liebe zu Meditation. Beziehung ist häßlich, „sich beziehen" ist wunderschön.

Osho - The Book of Wisdom

Übungen

Übung 6 (benötigte Zeit ca. 5 Minuten)

Halte eine Schulter deines Partners mit beiden Händen (im Stehen). Dann bitte den Partner, das ganze Gewicht seiner Schulter in deine Hände zu legen. Halte die Schulter ein bis zwei Minuten lang und laß' in Zeitlupe das Gewicht der Schulter los. Laß' dir von deinem Partner den Unterschied der beiden Schultern nach dieser Übung beschreiben. Dann laßt euch die Rollen tauschen.

Übung 7 (benötigte Zeit ca. 10 Minuten)

Drücke folgende emotionale Zustände mit dem Körper aus und achte dabei auf deine Schultern: Glück, Angst, Zorn, Trauer, Müdigkeit, Niedergeschlagenheit, Übermut, Stolz, Überbelastung und Bescheidenheit. Wie helfen die Schultern bei der Körpersprache?

Abb. 7: verschiedene Schulterhaltungen

Übung 8 (benötigte Zeit ca. 10 Minuten)

Stelle dich vor einen Spiegel und schließe die Augen. Begib dich in einen Zustand der Hilflosigkeit. Strecke die Arme in einer bittenden Haltung nach vorne aus. Sprich den Satz: Hilf mir, ich brauche dich. Wiederhole den Satz, bis du es richtig fühlst, bleibe in der Geste und öffne die Augen. Wie fühlst du dich dabei? Fällt dir das leicht?

Selbsterfahrungsbericht

Meine Freundin hatte sich gerade nach einer neunzehnjährigen Beziehung von mir getrennt, und ich kam mit Gefühlen von tiefer Traurigkeit und Schmerz in diese Sitzung. Es fiel mir sehr schwer, darüber zu reden. Zu Beginn der Sitzung war mein Kopf eine unendliche Kette von Gedanken. Ich spürte, wie gut mir die Berührung tat und welch tiefe Sehnsucht nach Körperkontakt in mir war - dennoch konnte ich mich nicht hingeben. Worte und Bilder meiner Mutter und meines älteren Bruders holten mich ein: „Du mußt mehr Verantwortung übernehmen! Du kümmerst dich zu wenig um deine Mutter! Was ist mit deiner Karriere? Nimm' dir ein Beispiel an...!" Wie gut ich das alles kannte. Habe ich nicht schon genug Verantwortung übernommen, nur um Liebe zu bekommen? Ich darf nicht versagen, sonst werde ich abgelehnt! Die Traurigkeit und die Angst vor dem Alleinsein verstärkten sich immer mehr.

Erst als ich schließlich meiner Wut, Verzweiflung und Hilflosigkeit lautstark und tobend Platz geschaffen hatte, konnte ich einen Schritt weitergehen. Ich konnte mir meinen Fehler verzeihen und mich so akzeptieren, wie ich bin. Ich sah plötzlich, daß durch die Trennung von meiner Freundin ein Abschnitt in meinem Leben zu Ende gegangen war, den ich loslassen kann, ohne daß ich die liebevollen Gefühle für sie verlieren muß. Es wurde mir bewusst, daß ich nur für mich die Verantwortung übernehmen muß und daß ich Liebe geben kann, ohne eine Gegenleistung zu erwarten.

Norbert

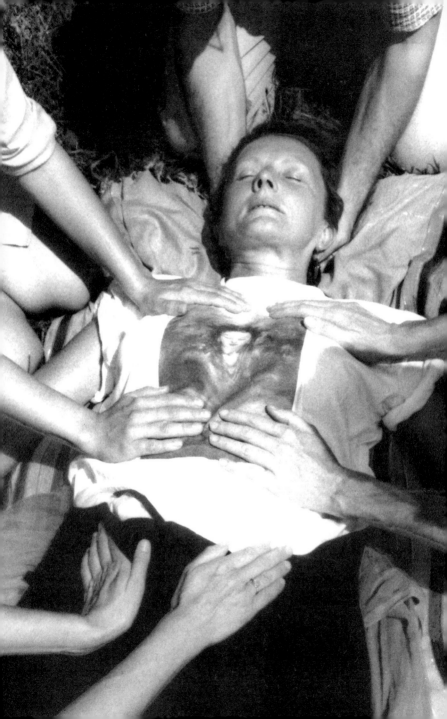

Die kleine Chakrenlehre

„Sieben Schritte,
auf dem Weg zum Göttlichen"

Die Energiewirbel
des Menschen

Was sind Chakren?

Die Theorie der Chakren hat in Indien eine lange Tradition, ist aber mittlerweile auch wissenschaftlich nachgewiesen. Ihren Namen verdanken die Chakren ihrer ständig kreisenden Bewegung (Altindisch-Sanskrit: Chakra= Rad). Chakren sind Energiewirbel oder -zentren bzw. Kreuzungspunkte mehrerer Energielinien. Es gibt 7 Hauptchakren und 21 Nebenchakren. Jedes der Hauptchakren steht in Beziehung zu einer bestimmten endokrinen Drüse des Körpers. Abhängig von der Drehrichtung saugen die Energiewirbel Energie aus dem universalen Kraftfeld an oder geben Energien an es ab.

Der Hauptkraftstrom des Körper fließt von der Basis am Anus bis zum Scheitel und umgekehrt (auch Kundalini-Energie genannt; daher auch Kundalinimeditation bzw. Kundaliniyoga). An verschiedenen Stellen des Körpers tritt die Energie wieder aus. Diese Energie ist auch außerhalb des Körpers meßbar und verbindet den Körper auf der feinstofflichen Energieebene mit dem Kosmos. Sichtbar gemacht werden können diese Energien z. B. mit der „Kirlianfotographie"!

Was ist die Funktion der Chakren?

Jedes Chakra (Energiewirbel) steht in einem Energieaustausch mit dem universalen Energiefeld. Wenn wir von „Offenheit" im psychologischen Sinn sprechen, dann ist das buchstäblich wahr. Die Chakren dienen sowohl als Sender als auch als Empfänger von Energieschwingungen und Informationen, die über den physischen Bereich hinausgehen. Alle Haupt-, Nebenchakren und alle kleineren Kraftpunkte bis hin zu den Akupunkturpunkten sind Öffnungen, durch welche die Energie in den Körper hinein- und aus ihm hinausfließen kann. Da die Energie immer mit einer Bewusstseinsform verbunden ist, erleben wir die Energie, die wir austauschen, als Sehen, Hören, Fühlen, Spüren, als Intuition oder als direkte Erkenntnis. Außerdem können wir über die Chakren Heilschwingungen sowie bewusste oder unbewusste Botschaften aussenden und Menschen, Situationen und sogar Materie im positiven wie auch im negativen Sinn beeinflussen.

Je ausgeglichener die Energie durch die Chakren fließt, umso gesünder und lebendiger sind wir. Ein chronisches Ungleichgewicht dagegen führt zu seelischer und physischer Krankheit. Jedes dieser Chakren wird als Bewusstseins-Zentrum betrachtet und steht mit ganz bestimmten Aspekten des menschlichen Verhaltens und der menschlichen Entwicklung in Verbindung. Die bewusste Auseinandersetzung mit den Themen der Chakren kann eine enorme Unterstützung sein auf dem Weg zur Selbsterkenntnis. Es empfiehlt sich, die Chakren gründlich von unten nach oben durchzuarbeiten.

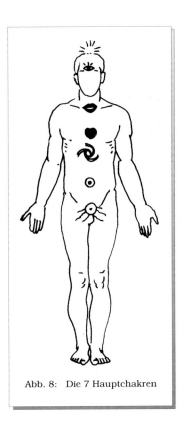

Abb. 8: Die 7 Hauptchakren

Die sieben Chakren und ihre Zuordnungen

Die Hauptthemen im 1. Chakra, auch Wurzelchakra genannt, heißen Reproduktion, Lebenswille, körperliche Kraft und körperlicher Wille zum Sein. Die Nebennieren als Adrenalin- und Noradrenalinproduzent stehen in Beziehung zum Wurzelchakra. Körperlich zugeordnet sind Wirbelsäule, Knochen, Zähne und Nägel; Anus, Rektum, Dickdarm, Mastdarm, Enddarm, Prostata und Zellaufbau.

Die Hauptthemen im 2. Chakra, auch Nabelchakra genannt, sind Selbstgenügsamkeit, sexuelle Kraft und die schöpferische Fortpflanzung des Seins. Die Keimdrüsen - Eierstöcke, Prostata, Hoden - deren Funktion die Ausbildung der männlichen (Androgene) und der weiblichen Geschlechtshormone (Östrogene u. Gestagene) ist, stehen mit dem Nabelchakra in Beziehung. Körperlich zugeordnet sind Beckenraum, Fortpflanzungsorgane, Nieren, Blase; alles Flüssige wie Lymphe, Verdauungssäfte und Sperma.

Die Hauptthemen im 3. Chakra, auch Powerchakra genannt, sind das „Ich-Bewusstsein", die gerichtete Kraft und die Gestaltung des Seins. Die Bauchspeicheldrüse als Herstellungsort von Insulin und Glucagon steht im Zusammenhang mit dem 3. Chakra. Körperlich zugeordnet sind der untere Rücken, Bauchhöhle, Verdauungssystem, Magen, Leber, Milz, Gallenblase und das vegetative Nervensystem.

Die Hauptthemen im 4. Chakra, auch Herzchakra genannt, sind die bedingungslose Liebe, das Geben, die Akzeptanz und die Seinshingabe. Die Thymusdrüse als Steuerorgan des Lymph- und Immunsystems und Herstellungsort der Thymushormone ist mit dem Herzchakra eng verknüpft. Körperlich zugeordnet sind Herz, oberer Rücken mit Brustkorb und Brusthöhle, unterer Lungenbereich, Blut und Blutkreislaufsystem, Haut.

Die Hauptthemen des 5. Chakras, auch Kehlkopfchakra genannt, sind die Kreativität, Kommunikation, Verantwortlichkeit und die Seinsresonanz. Die Schilddrüse, der Entstehungsort von Thyroxin und Trijodthyronin, ist mit dem Kehlkopfchakra verbunden. Körperliche zugeordnet sind Hals-, Nacken-, Kieferbereich, Ohren, Sprechapparatur (Stimme), Luftröhre, Bronchien, oberer Lungenbereich, Speiseröhre, Arme.

Die Hauptthemen im 6. Chakra, auch „3. Auge" genannt sind Selbsterkenntnis und Einblick in das Innere Sein. Die Hirnanhangdrüse (Hypophyse), manchmal auch „Meisterdrüse" genannt, steht im Zusammenhang mit dem Stirnchakra. Körperlich zugeordnet sind Gesicht, Augen, Ohren, Nase, Nebenhöhlen, Kleinhirn, Zentralnervensystem.

Die Hauptthemen des 7. Chakras, auch Scheitelchakra genannt, ist „Das Göttliche kennen", „Öffnen zum kosmischen Bewusstsein", Erleuchtung und „reines Sein". Die Zirbeldrüse (Epiphyse) als Entstehungsort von Melatonin wird in Zusammenhang gebracht mit dem Scheitelchakra. Körperlich zugeordnet ist das Großhirn.

Übungen

Übung 9   (benötigte Zeit ca. 25 Minuten)

Setze dich dazu mit möglichst geradem Rücken in einer bequemen Stellung hin oder lege dich flach auf den Rücken. Atme ruhig und gleichmäßig ein und aus, am günstigsten durch die Nase. Stelle dir im Geiste vor, daß du beim Ein- und Ausatmen die Luft durch deine Chakren hineinziehst und wieder herausläßt. Du beginnst am Besten mit deinem Wurzel-Chakra und wanderst von da aus immer ein Chakra höher. Lenke deine Aufmerksamkeit zu diesem Chakra und lasse dich imaginativ durch dieses Chakra sanft und ohne Eile ein- und ausatmen. Atme etwa 3 Minuten in jedes Chakra. Danach bleibe noch eine Weile still und genieße deine Energie.

Übung 10   (benötigte Zeit ca. 60 Minuten)

Dieselbe Übung kannst du auch als dynamische Morgenmeditation machen. Diese Version ist eine europäisierte Sufimeditation und ist etwas feuriger als in Übung 9 beschrieben. Bei dieser Meditation atmet man im Stehen nach den Rhythmen einer Musik. Die Atmung kann hierbei unterstützt werden von Handbewegungen, Tönen und Körperbewegungen. Dazu gibt es eine MC oder CD zu kaufen mit dem Namen „Chakrabreathing". Beiliegend findest du nochmals eine genaue Beschreibung der Meditation.

♥

Der Mensch ist ein Regenbogen, denn das Bild des Regenbogens gibt den Zustand des menschlichen Seins am besten wieder. Der Regenbogen hat sieben Farben, und der Mensch hat sieben „Seins"-Zentren: vom Niedrigsten zum Höchsten – sieben Schritte auf dem Weg zum Göttlichen.

Osho – The Divine Melody

Übersicht der „Kern"sitzungen (4-7)

4. Sitzung: Kontrolle & Hingabe –
   „Entdeckung der Sexualität"

Die gesunde und flexible Funktionsfähigkeit des Beckens ist für ein vitales und lebendiges Körpergefühl notwendig. Sexuelles Empfinden und Sinnlichkeit, das Loslassen der Beckenbodenmuskulatur und Hingabe an das Leben sind hier Thema. Frage: „Kann ich mich hingeben?"

5. Sitzung: Bauchgefühle –
   „Im Zentrum des Seins"

Der Bauch ist das Zentrum des Körperbewusstseins. Viele unserer Emotionen und Leidenschaften entstehen in diesem Bereich. Frage: „Bin ich in meiner Mitte?"

6. Sitzung: Aufrichtigkeit und Zurückhaltung –
   „Für sich selbst geradestehen"

Die Wirbelsäule ist durch die hohen körperlichen bzw. psychischen Belastungen einerseits und durch den Bewegungsmangel im täglichen Leben andererseits eine häufige Schmerzquelle. Ein ungestörter Energiefluß durch die Wirbelsäule und das Zwerchfell ist essentiell für die gesamte Körpergesundheit. Frage: „Bin ich aufrichtig?"

7. Sitzung: Das Kopfzentrum –
   „Du hast nichts zu verlieren, außer den Kopf"

In der siebten Sitzung geht es um Hals, Kopf und Gesicht, als letztes Körpersegment. Der Kopf ist das Kontrollzentrum des Körpers. Frage: „Kann ich Kontrolle loslassen?"

Zusammenfassung

Die ersten drei Sitzungen haben sich fast nur mit den oberflächlichen Faszien- und Muskelschichten - und mit gröberen, kraftvollen Bewegungen beschäftigt. Die erste Sitzung brachte den Kontakt zur Inspiration und beleuchtete die Beziehung zum Leben und zur Spiritualität. Das Mysterium Leben fließt jetzt als Atem. Danach kam das Verstehen und das Stehen auf den eigenen zwei Beinen. Die Beziehung zu sich selbst ist vertieft. Schließlich war das Ausstrecken der Arme nach der Umwelt, nach anderen Menschen und allem Interessanten an der Reihe. Die Beziehung zu anderen ist bewusster geworden. Durch die Vorarbeit der ersten drei Sitzungen hat sich das Körperäußere schon leicht verändert. Die Formen sind weicher, runder und entspannter geworden. Die Kernmuskulatur ist jetzt leichter zugänglich.

Bei den nun folgenden Kernsitzungen ist der Fokus auf dem „Sein". Als erstes kommt die Auseinandersetzung mit den grundlegenden Lebensenergien (Themen des 1. Chakras). Anschließend ist das Körper- und Lebenszentrum das zentrale Thema. Rund um das Zentrum deines Seins befinden sich die inneren Abwehrstrukturen (Themen des 2. Chakras). Danach geht es um Authentizität und das Üben, die Emotionen und Körperenergien auszudrücken (Themen des 3. & 4. Chakras). In der siebten Sitzung dreht sich alles um das Kontrollzentrum und darum, Kontrolle aufzugeben, das wahre Gesicht zu zeigen (Themen des 4. & 5. Chakras).

Diese 4 Kernsitzungen schaffen die Möglichkeit, mit dem natürlichen Potential „aus der Mitte heraus zu leben", „authentisch zu sein", in Berührung zu kommen!

Tagebuchseite

Beantworte dir selbst bitte folgende Fragen:

1. Was haben die einleitenden Sitzungen für mich getan?
2. Was erwarte ich von den Kernsitzungen?
3. Wie stehe ich zu meiner Sexualität? Mal ganz ehrlich!
4. Ist für die Grundbedürfnisse meines Lebens gesorgt?
5. Habe ich Kontakt zu meiner Mitte?
6. Kann ich meine Energien authentisch leben?

Übung 11   (benötigte Zeit ca. 30 Minuten)

Nimm nochmals Kontakt mit deiner Urteilsliste (Übung 1) auf. Ziehe dich nackt aus, setze dich vor einen Spiegel und spreize deine Beine. Betrachte deine Genitalien ausgiebig. Mit einem duftenden Öl oder einer Lotion streichle liebevoll deine Genitalien. Hast du Urteile über deine Genitalien, darüber, sie zu berühren? Nun schreibe alle Urteile auf, die deine Sexualität, dein Zentrum, deine Gefühle, deine Lebensenergie betreffen.

Versuche dann mit Hilfe von diesen Urteilen und den Glaubenssätzen von Übung 1 herauszufinden, was der zentrale Glaubenssatz deines Lebens ist. Wer von deinen Eltern hat denselben oder einen ähnlichen Glaubenssatz? Was fällt dir auf?

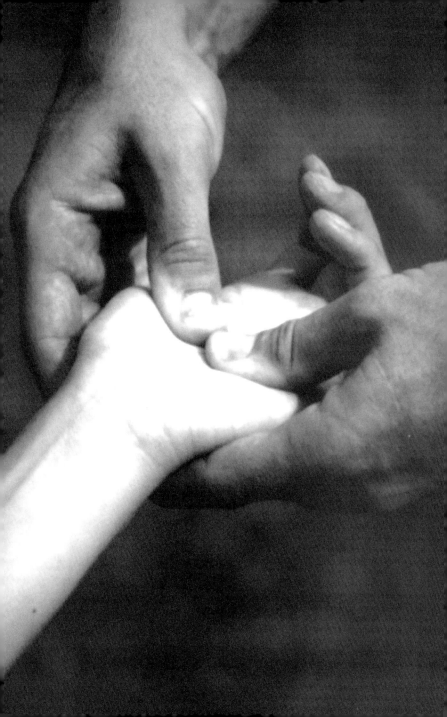

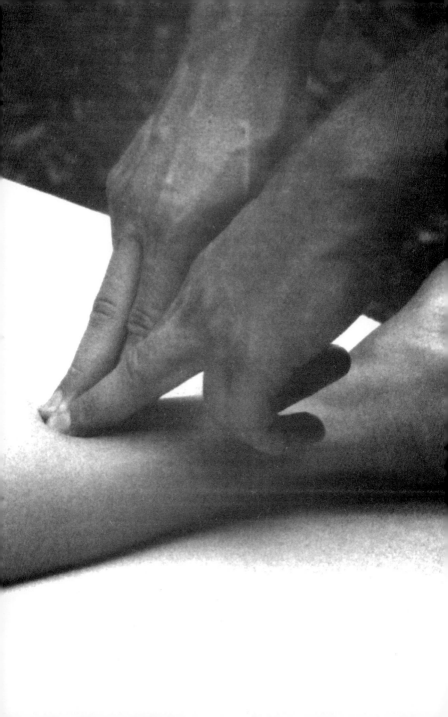

4. Sitzung

Kontrolle und Hingabe

„Entdeckung der Sexualität"

Innenseiten
der Beine und Becken

Das Becken

Strukturell gesehen ist das Becken das Fundament, auf dem der Oberkörper ruht. Es hat eine Vermittlungsfunktion zwischen der oberen und unteren Körperhälfte. Deshalb ist die gesunde und flexible Funktionstüchtigkeit des Beckens notwendig für ein vitales und frei fließendes Körperbewusstsein! Dabei ist auch die Beckenstellung wichtig! Es geht aber nicht um eine perfekte Beckenstellung, sondern darum, eine Stellung einzunehmen, die es dem Oberkörper ermöglicht, locker, leicht und beweglich zu bleiben. Im Brennpunkt des Themas „Becken" steht die Sexualität! Dummerweise haben Gesellschaft und Kirchen in aller Welt ein Tabu über die Genitalregion verhängt.

„Vielleicht lehnt meine eigene Sittlichkeit es ab; die Erfahrung und die Beobachtung meiner selbst und anderer haben mich jedoch davon überzeugt, daß die Sexualität das Zentrum ist und daß sich das Ganze des Gesellschaftslebens sowie auch des inneren Lebens eines jeden Individuums darum drehen."

Wilhelm Reich

Die Genitalien sind Sitz von schönen und wohltuenden Gefühlen und deswegen Ziel diverser Erforschungsaktivitäten jedes Kleinkindes. Über diese Zone ein Tabu zu verhängen bedeutet, jedes Lebewesen an seinem Hauptnerv zu treffen und einen verheerenden inneren Konflikt auszulösen. „Soll ich mich diesem inneren Drang hingeben oder mich dagegen stemmen und ihn kontrollieren?" Das Resultat ist ein sexuell unfreier Mensch, der dann automatisch auch weniger Lebensfreude verspürt Er ist unselbständiger, irritiert und leichter kontrollierbar.

Der Sitz des inneren Kontrollzentrums ist der Kopf (Sitzung 7). Mit Kontrolle ist in diesem Zusammenhang das Festhalten und das Anspannen gemeint. Die Hingabe dagegen ist im Becken zuhause. Mit Hingabe ist hier das Loslassen und das Entspannen gemeint. Weder Kontrolle noch Hingabe sind das eigentliche Ziel, sondern das Gleichgewicht beider. „Kontrolle loslassen" wird aber oft verwechselt mit „Verrückt werden". „Hingabe" wird verwechselt mit „Unterwerfung"!

Das Erlernen der „Balance" zwischen Kontrolle und Hingabe ist von zentraler Wichtigkeit für ein gesundes Leben. Der sexuelle Akt ist Ausdruck von purer, natürlicher Lebensfreude, denn aus ihm sind wir entstanden (ohne Sexualität keine Fortpflanzung). Von der Einstellung zur Sexualität hängt unsere Natürlichkeit ab. Es steht außer Frage, daß mit Sexualität nicht nur das gemeint ist, was im Schlafzimmer passiert. Mit Sexualität ist auch „lustvollbanales" wie z.B. duschen, lachen und spazierengehen, also ein generell intensiveres Leben gemeint.

Ein weiterer Aspekt der Selbstkontrolle beginnt mit dem Toilettentraining. Der anale Schließmuskel ist erst ab dem 18. – 24. Monat funktionstüchtig. In der Vergangenheit war diese Tatsache wenigen Eltern bewusst, und sie haben teils aus Übereifer, teils aus Ehrgeiz, ihre Kinder zu früh gezwungen, ihre „Scheiße" bei sich zu behalten. Aus der Angst heraus, ja nichts falsch zu machen, spannt das Kind dann alle möglichen Muskeln im Becken- und Oberschenkelbereich an. Hinzu kommen noch moralische Anforderungen, wie z.B. keine Gase oder Flüssigkeiten, obszöne Geräusche oder Gerüche im Beisein anderer auszuscheiden. Durch alle diese Faktoren können im unteren Beckenbereich enorme Spannungen entstehen.

Die körperlichen Vorgänge von Nahrungsaufnahme, Verdauung und Ausscheidung entsprechen den emotionalen und intellektuellen Vorgängen von Wahrnehmung, Verarbeitung und Ausdruck! Für viele Menschen ist das Loslassen, die Ausscheidung, der Ausdruck der schwierigere Teil. So wird die Darm- und Blasenentleerung mit angespanntem Körper, flachem Atem und verspanntem Beckenboden verrichtet. Ist die Muskulatur des Beckenbodens und in der Tiefe der Oberschenkels entspannt, können alle Ausscheidungsprozesse reibungslos ablaufen.

Wenn der Verstand seine Kontrollmechanismen aufgeben kann, wird jegliches Loslassen zu einer lustvollen Erfahrung. Es geht also darum, nur solche Situationen zu kontrollieren, in denen Kontrolle angebracht ist und sich ansonsten einen Raum zu kreieren, in dem Loslassen möglich werden kann.

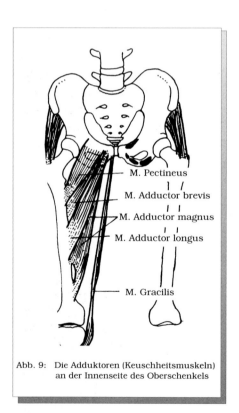

Abb. 9: Die Adduktoren (Keuschheitsmuskeln) an der Innenseite des Oberschenkels

Psychosomatik

Schmerzen im Becken bedeuten meist Angst vor Unsicherheit und Lebendigkeit. Themen wie sexueller Mißbrauch, panikartige Ängste und das Negieren der ureigenen Lebensenergie stehen hier meist im Mittelpunkt. Ist das Becken zu sehr nach oben geneigt, der Rücken abgeflacht, dann sind die Beine und das Becken oft unterentwickelt. Einbehaltene sexuelle Empfindungen führen zu verringerter Grundenergie und sexuellem Leistungsdruck (Beschwichtigung und Durchführung). Es entstehen Neigungen zu Beinverletzungen, sexuellen Funktionsstörungen, Blasenproblemen, Bauchanspannungen, Hämorrhoiden, Rückenschmerzen und zu streßerzeugten Kopfschmerzen. Ist das Becken hohlkreuzartig nach unten geneigt (Playgirl, Bodybuilder), so sind die Beine häufig überentwickelt. Dann bestehen Tendenz zu sexueller Besessenheit und Schwierigkeiten, sexuelle Entspannung zu finden. Neigung zu Verdauungsbeschwerden, Hämorrhoiden, Rückenschmerzen, Magen-Darmstreß, Asthma, Katarrh und Bronchitis.

Weitere mögliche Themen der 4. Sitzung

Das Finden der persönlichen Identität, Wahrhaftigkeit und wahrer Unabhängigkeit.

Fragen:

Kann ich mich den Ereignissen meines Lebens hingeben? Genieße ich meine lustvolle Kraft oder kontrolliere ich sie? Sorge ich selbstverantwortlich für mein materielles Leben?

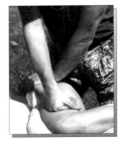

♥

*S*exuelle Energie ist nur ein anderer Name für deine Lebenskraft. Das Wort Sex ist von den Religionen verdammt worden; ansonsten ist nichts verkehrt daran. Es ist dein wahres Leben. Die sexuelle Energie ist eine natürliche Energie, durch sie wirst du geboren. Sie ist schöpferische Energie. Wenn ein Maler malt oder ein Dichter dichtet oder ein Musiker spielt oder ein Tänzer tanzt, sind das alles Ausdrucksformen dieser Lebenskraft.

Nicht nur Kinder werden aus der sexuellen Energie geboren, sondern alles, was der Mensch auf dieser Erde geschaffen hat, ist aus der sexuellen Energie hervorgegangen. Sexuelle Energie kann viele Transformationen erfahren: Auf der untersten Ebene ist sie biologisch, auf der höchsten ist sie spirituell. Man muß verstehen, daß alle schöpferischen Menschen äußerst sexuell sind. Man kann es sehen an den Dichtern, an den Malern, an den Tänzern: Alle kreativen Menschen sind äußerst sexuell, und das gleiche gilt für die Menschen, die ich Mystiker nenne.

Vielleicht sind das die sexuellsten Menschen überhaupt, denn sie sind so voller Lebensenergie, übervoll, überfließend ...Die sexuelle Energie ist dein Potential für das spirituelle Wachstum. Erleuchtung ist nur möglich aufgrund deiner sexuellen Energie...

...Andererseits haben die Religionen auf der Monogamie bestanden - was in Wirklichkeit Monotonie bedeutet. Dies hat wiederum den Beruf der Prostituierten ins Leben gerufen. Die Priester sind dafür verantwortlich, daß es Prostituierte gibt. Es ist etwas so Häßliches und Krankes, daß wir so viele schöne Frauen zu Objekten, Waren, Dingen gemacht haben, die wir ausbeuten.

Bis heute hat man immer noch nicht genau begriffen, was Sex eigentlich ist. Es ist nicht notwendig, ihn zu unterdrücken, denn er ist unsere grundlegende Energie. Man muß ihn transformieren, gewiß; man muß ihn zu seiner höchsten Reinheit erhöhen. Und indem du anfängst, nach oben zu steigen - und der Name der Leiter ist Meditation - wird Sex zur Liebe, zum Mitgefühl und schließlich zur Explosion deines inneren Seins, zum Lichterlebnis, zum Erwachen, zur Erleuchtung.

Osho - The Great Pilgrimage: From Here To Here

Übungen

Übung 12   (benötigte Zeit ca. 10 Minuten)

Lege ein dickes Buch auf den Boden, so daß du mit einem Bein auf dem Buch stehst. Schwinge das andere Bein im Hüftgelenk vor und zurück, und fühle die Bewegung im Körper. Nun stelle dir vor, daß du das gleiche Bein nicht vom Hüftgelenk aus schwingst, sondern vom Solarplexus aus (am unteren Ende des Brustbeins). Probiere dann einmal, vom Solarplexus aus zu gehen. Du wirst feststellen, daß jetzt die gesamte untere Körperhälfte an der Bewegung beteiligt ist. Stelle dir vor, daß du bei jedem Schritt leichtes Herbstlaub vor dir herschiebst! Wechsle hin und her zwischen deiner gewohnten Art zu laufen und dieser neuen Methode. Wie fühlt sich das an?

Übung 13   (benötigte Zeit ca. 15 Minuten)

Suche dir einen angenehmen Platz und stelle dich hin. Die Füße paralell, etwa schulterweit auseinander, mit entspannten Knien, die nicht nach hinten durchgedrückt sind. Beginne zu atmen und mit jedem Atemzug mehr Kontakt mit deinem Beckenboden aufzunehmen. Dann spanne alle Muskeln um deinen Anus, deine Genitalien und die Gesäßmuskeln mit aller Kraft an. Halte die Anspannung für ca. 30 Sekunden zusammen mit deinem Atem. Dann lasse den Atem und alle Muskeln der Beckenregion, die du festgehalten hast, wieder los. Atme normal ca. 30 Sekunden. Wiederhole den Wechsel Anspannen-Loslassen ungefähr 10 mal. Was fällt dir auf?

Selbsterfahrungsbericht

Ein bißchen mulmig ist mir immer, wenn meine körperlich eher unterentwickelten Beine berührt werden. Da sitzt jede Menge Energie, wenn die wachgekitzelt wird - gefährlich, gefährlich!! Ich liege auf meiner rechten Seite, die Finger meiner Rebalancerin sinken tief in die Innenseite meines Wadenmuskels, und ich finde mich plötzlich in einer Szene aus meiner Kindheit wieder. Ich bin 4 oder 5 Jahre alt, spiele mit ein paar anderen Kindern im Sandkasten. Das macht Spaß! Wir toben wild durcheinander, und ich habe gerade eine tolle Art des Löcherbuddelns entdeckt: breitbeinig stehe ich da, den Oberkörper vornüber gebeugt, und paddle mit beiden Händen den Sand durch meine Beine hindurch nach hinten. Wohin, das sehe ich natürlich nicht. Interessiert mich auch nicht, weil das Buddeln und Sandspritzen und Wild-Sein so viel Spaß macht. Da ich ein kleines Kind ziemlich genau in meiner Schußlinie hatte, reißt meine Mutter mich plötzlich mit einer einzigen Bewegung aus meinem geliebten Spiel und schlägt mich unter Schimpfen und Schreien vor allen anderen Kindern. Noch einmal erlebe ich in dieser Sitzung den Schmerz und die Demütigung, die ich damals empfunden habe. Ich bin maßlos enttäuscht über diesen Verrat meiner Mutter. Eine schmerzhafte Erinnerung ist auch die Scham darüber, zu lebendig, zu eigenwillig, zu laut zu sein, die seit mehr als 30 Jahren in meinem rechten Unterschenkel schlummerte. In den folgenden Tagen spüre ich auf einmal sehr viel mehr Kraft und Lebensfreude in den Beinen. Mein Tanzen ist wieder mehr erfüllt von der Wildheit des unschuldigen, ungezähmten Kindes in mir. - Willkommen, meine Kleine!!

Aradhana

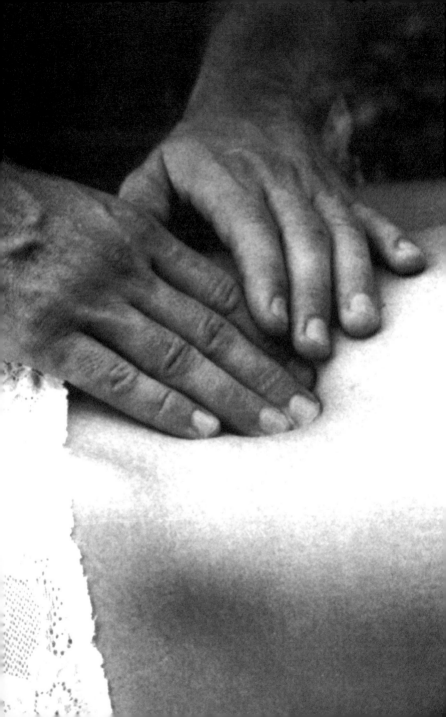

5. Sitzung

Bauchgefühle

„Im Zentrum des Seins"

Bauch, Psoas
und unterer Rücken

Der Bauch

Der Bauch ist das Energie- und Gefühlszentrum des Körperbewusstseins und gleichzeitig das größte Weichteil im Körper. Er befindet sich genau in der Körpermitte und ist nach hinten geschützt durch Lendenwirbelsäule und Beckenschaufeln. Durch die Entwicklung des aufrechten Ganges gibt der Mensch seinen empfindlichen Bauch der Umgebung ungeschützt preis. Alle Mystiker sprechen von dem Nabelchakra als dem Zentrum des Seins, in dem jeder Erleuchtete ruht. Energetisch und thematisch ist das 2. Chakra, das sich ca. 3 cm unterhalb des Bauchnabels befindet, verbunden mit dem Wurzelchakra. Das bedeutet, daß das Thema Sexualität auch hier noch präsent ist, allerdings mehr in Form von Sinnlichkeit und Erotik.

Im Urzustand sind die Energien, die im Bauch fließen, neutral. Würde der Mensch diese emotionalen Energien nicht be- und verurteilen, könnten sie im ganzen Körper frei fließen. Dann würden die Emotionen vom Bauch aus nach unten wallen, durch das Becken, durch die Beine und dem Rumpf durch die energetischen Kanäle der Beine und Füße ein Verbundenheitsgefühl zur Erde geben. Sie würden das Körperbewusstsein mit sexueller Energie und Lebenskraft durchfluten. Vom Bauch aus würden die Energien aufwärts durch das Zwerchfell in den Brustraum fließen, um schließlich, vom Herz unterstützt, sich durch Arme, Hände, Mund, Gesicht und Augen auszudrücken.

Die kollektiven gesellschaftlichen bzw. religiösen Konditionierungen und Konzepte fordern allerdings, entweder keine Gefühle zu empfinden oder diese, wenn sie empfunden werden, nicht auszudrücken. Die Vernunft und das „Behalten eines kühlen Kopfes" werden als die einzigen

Mittel dargestellt, durch das die potentiell ablenkenden Eigenschaften der Gefühle und Leidenschaften überwunden werden können. „Fühlen" asoziieren die meisten Menschen mit Schwäche, Instabilität und Destruktivität; oder es wird als „unwichtig" bzw. „gefährlich" abgetan. Die Folge davon ist, daß die Gefühle verneint werden, der Ausdruck eingeschränkt, der Atem gehalten und die Lebensenergie herabgesetzt. Dadurch ist der Weg nach oben durch das Zwerchfell und der Weg nach unten durch das Becken blockiert. Die einst neutralen Energien beginnen im Bauchraum zu kreisen und finden keinen Ausgang.

Die Menschen tun vielerlei unsinnige Dinge, um diese Gefühle nicht wahrnehmen und ausdrücken zu müssen. Unzählige Süchte, vom Drogenkonsum angefangen, über das „zuviel essen" bis hin dazu, „die Gefühle in Arbeit zu ersticken", ist das ganze Spektrum vorhanden. Auf diese Art lassen sich die Energien aber allenfalls verdrängen, jedoch nicht neutralisieren.

Die so unterdrückten Gefühlsenergien sind meist lange Zeit nur im Aura- oder Energiefeld zu sehen oder spüren. Aber dann nach einigen Jahren beginnen sie sich mehr und mehr im Körper zu manifestieren. Im Bauchraum können sich diese Energien in den dort angesiedelten Organen, den Eingeweiden niederschlagen und verschiedenartige Beschwerden auslösen.

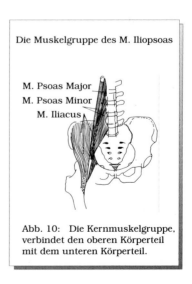

Die Muskelgruppe des M. Iliopsoas

M. Psoas Major
M. Psoas Minor
M. Iliacus

Abb. 10: Die Kernmuskelgruppe, verbindet den oberen Körperteil mit dem unteren Körperteil.

Der Psoas und der untere Rücken

In der Tiefe des hinteren Bauchraumes befindet sich ein weiterer wichtiger Teil des Körperbewusstseins, der Muskelverband mit dem Namen Iliopsoas, bestehend aus Psoas und Iliacus. Auch er reagiert sensibel auf diese zurückgehaltenen Energien und kann sich durch sie chronisch verspannen. Da sich dieser Verband direkt im Körperzentrum befindet, ist er sowohl für das strukturelle als auch für das psychische Gleichgewicht von großer Bedeutung. Er bestimmt z.B. zusammen mit der Bauchmuskulatur und der tiefen Rückenmuskulatur die Stellung des Beckens. Wie unten in Abb. 11 erkennbar, hat ein verkürzter Psoas weitreichende Folgen hinsichtlich der Gesamtkörperstruktur. Er kreiert ein Hohlkreuz, einen Rundrücken, einen nach vorne geschobenen Nackenbereich und vieles mehr. Daraus resultieren Spannungen im Bauch, Brustraum, Rücken (vor allem Iliosacralgelenk), Schultern, Nacken, Oberschenkel und Waden,

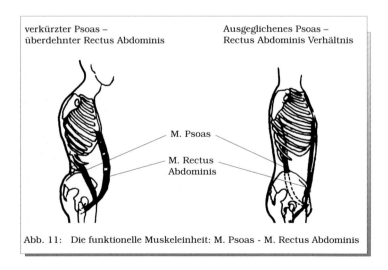

Abb. 11: Die funktionelle Muskeleinheit: M. Psoas - M. Rectus Abdominis

Psychosomatik

Schmerzen im Bauchbereich stehen im allgemeinen in direktem Zusammenhang mit Angst vor der eigenen Lebenskraft. Tiefe seelische Schmerzen, starke Grenzverletzungen und Angst vor den Tiefen des eigenen Seins sind hier oft die Themen. Ist der Psoas verkürzt, dann wird der Brustkorb heruntergezogen und quetscht den Bauchraum. Die Atmung wird eingeschränkt, die Bauchorgane geraten in eine konstante Anspannung und werden für Krankheiten anfällig! Colitis spasticus, Verstopfung, Durchfall, Darmentzündungen und damit auch ein schlecht funktionierendes Immunsystem können die Folge sein.

Weitere mögliche Themen der 5. Sitzung

Die Fähigkeit, sich selbst und anderen nahezukommen, Empfindungsfähigkeit für Gefühle, Sinnlichkeit, grundlegende zwischenmenschliche Beziehungen und Erotik.

Fragen:

Lasse ich meine Gefühle zu? Bin ich in Kontakt mit dem Energiepotential in meinem Bauch? Bin ich zentriert? Kann ich Nähe erlauben? Bin ich sinnlich?

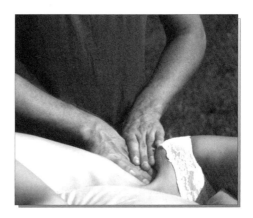

♥

Eines muß man grundsätzlich verstehen: Herz- und Kopfzentrum müssen entwickelt werden, das Nabelzentrum dagegen nicht. Das Nabelzentrum braucht nur entdeckt zu werden: man muß es nicht entwickeln. Das Nabelzentrum ist bereits da. Ihr müßt es aufdecken, entdecken. Es ist da, voll entwickelt. Ihr braucht es nicht zu entfalten. Das Herz- und das Kopfzentrum sind Entwicklungen, sie brauchen nicht entdeckt zu werden. Gesellschaft, Kultur, Erziehung und Prägung helfen, sie zu entwickeln. Aber das Nabelzentrum ist dir angeboren. Ohne das Nabelzentrum kannst du nicht leben.

...Der Atem geht in den Nabel und von da wieder hinaus. Er geht zum Zentrum. Wie ich schon sagte, ist der Atem eine Brücke zwischen dir und deinem Körper. Du kennst den Körper, weißt aber nicht, wo dein Zentrum ist. Der Atem geht ständig ins Zentrum und wieder hinaus. Aber wir holen nicht tief genug Atem, und so geht er normalerweise nicht wirklich zum Zentrum. Wenn der Atem tief in den Unterleib geht, gibt er dem Sexzentrum Energie. Er berührt das Sexzentrum; er

massiert das Sex-Zentrum von innen. Das Sexzentrum wird aktiver, lebendiger. Die Zivilisation hat Angst vor dem Sex. Wir erlauben unseren Kindern nicht, mit ihrem Sexzentrum in Berührung zu kommen - mit ihren Sexualorganen. Wir sagen: »Hände weg! Nicht anfassen!« Beobachte ein Kind, wenn es seine Sexualorgane berührt, und sag dann: »Halt!« und beobachte seinen Atem. Wenn du sagst: »Halt! Nicht anfassen«, wird sein Atem augenblicklich flach. Atmest du tief, gelangst du in dein Nabelzentrum, es ist gleich neben dem Sexzentrum - in engster Nachbarschaft.

...Der Mensch hat eine Mitte, aber er lebt nicht darin - er lebt nicht im Zentrum. Das erzeugt eine innere Spannung, ständiges Chaos, ständige Qual. Du bist nicht, wo du sein solltest; du bist nicht richtig im Gleichgewicht. Du bist aus dem Gleichgewicht, und dieses Aus-dem-Gleichgewicht-Sein, dieses Ohne-Mitte-Sein, ist die Basis aller geistigen Verspannungen. Wenn es zuviel wird, wird man verrückt. Ein Verrückter ist einer, der völlig aus sich selbst herausgerückt ist. Der erleuchtete Mensch ist genau das Gegenteil von einem Verrückten. Er ruht in seiner Mitte.

Osho - The Books Of The Secrets, Vol. I

Übungen

Übung 14   (benötigte Zeit ca. 20 Minuten)

Setze oder lege dich bequem. Achte darauf, daß dein Bauch sich frei bewegen kann. Leg deine rechte Hand auf den Bauch, deine linke Hand auf den Brustkorb. Beginne nun mit einer sanften Bauchatmung. Der Bauch hebt und senkt sich, der Brustkorb bleibt dabei unbeweglich. Vertiefe dann nach einiger Zeit deine Atmung. Lasse dich beobachten, wie sich deine Eingeweide durch die Atembewegung verschieben. Tiefe Bauchatmung ist eine wohltuende Massage für deine Organe. Wandere durch den Bauchraum und begrüße jedes deiner Organe. Am Schluß der Übung wandere mit deiner Aufmerksamkeit zu deinem Nabelchakra. Verweile dort in deinem Zentrum und nimm' bewusst Kontakt auf mit deinem „Sein". Was fühlst du?

Übung 15   (benötigte Zeit ca. 30 Minuten)

Wiederhole die Übung 12 von Seite 82. Versuche bei dieser Übung, vom Psoas auszugehen, d.h. gehe aus deinem Zentrum heraus. Achte genau darauf, daß du so wenig wie möglich Kraft aufwendest, um dein Bein für jeden Schritt zu heben. Übe die Gehbewegung möglichst ohne Beteiligung der oberflächlichen Becken- und Beinmuskulatur. Finde für dich heraus, was die ökonomischste Art des Gehens ist. Mache auf diese Art einen kleinen Spaziergang. Was nimmst du wahr im Vergleich zu deiner gewohnten Art zu gehen? Spürst du deine Mitte beim Gehen? Bist du eventuell mit deinen sexuellen Energien in Kontakt?

Selbsterfahrungsbericht

Die Bauchsitzung war eine echte Herausforderung für mich. Mein Bauch ist sehr empfindlich und ängstlich. Ich hatte starke Bedenken und äußerte sie. Erst als ich dann die sanften Hände auf mir spürte, die sich vorsichtig ihren Weg in die Tiefe bahnten, kehrte meine Zuversicht zurück. Je mehr ich mich dieser Berührung in einem meiner intimsten Bereiche hingeben konnte, um so mehr geriet ich in den Bann von inneren Bildern und Gefühlen, die schnell und leichtfüßig an mir vorüber zogen.

Wärme breitete sich aus in meinem Bauch, von dort aus in das Becken, die Beine - in die Brust, in die Arme. Unvermittelt und grundlos kullerten Tränen über meine Backen - ich war tief berührt. Das waren Tränen voller Glück und Sehnsucht. Wie lange hatte sich meine Seele danach gesehnt, alles loslassen zu können, alle Anstrengung, all die Anspannung. Nur selten in meinem Leben verspürte ich solche Glückseligkeit und Dankbarkeit.

Alle inneren Bilder vermischten sich mehr und mehr: Kindheit, Gegenwart, Schulzeit, Reisen, Liebschaften... Ich sah plötzlich all mein Leiden und Suchen mit anderen Augen. Mit den unschuldigen Augen eines Kindes, klar und unvermittelt und mit den wissenden Augen eines unbeteiligten Zeugen. Die Sitzung verging wie im Flug, es ist so schwer für all das Worte zu finden... Lange lag ich noch da nach dieser Behandlung und genoß dieses zeitlose Gefühl des Seins. Die ganze Welt erschien mir plötzlich freundlich und schön. Ich liebe diese Art von Berührung!

Chinmatra

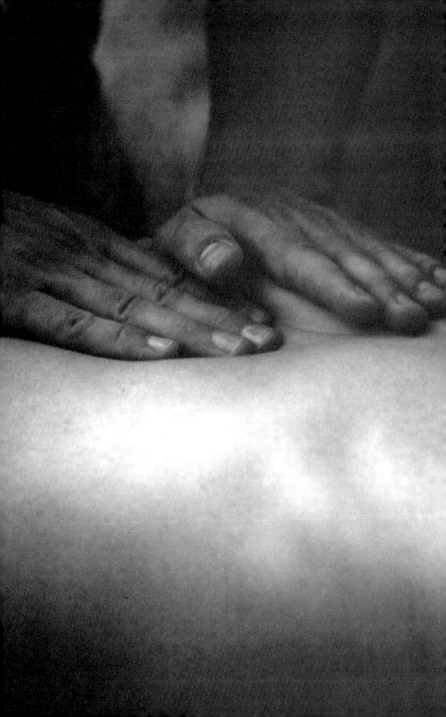

6. Sitzung

Aufrichtigkeit und Zurückhaltung

„Für sich selbst geradestehen"

Rücken und Zwerchfell

Der Rücken

Der Rücken besteht aus der Wirbelsäule, dem hinteren Teil des Brustkorbes und dem Raum zwischen und unter den Schulterblättern. Die Wirbelsäule verbindet in ihrer Eigenschaft als bewegliche Stütze des Körpers den gesamten Rumpf miteinander. Sie beherbergt außerdem einen wichtigen Teil des zentralen Nervensystems, das Rückenmark. Deshalb ist das geschmeidige Funktionieren und die Gesundheit der Wirbelsäule wichtig für einen ungestörten Energiefluß durch den Rücken! Alle Verspannungsformen des Körpers sind irgendwo in der Wirbelsäule wiederzufinden; umgekehrt beeinträchtigen auch Anspannungen und Blockierungen der Wirbelsäule die Gesundheit der mit ihr verbundenen Organe und Glieder.

Der Rücken steht im Rebalancing für den Konflikt zwischen Aufrichtigkeit und Zu„rück"haltung. Sich zurückhalten bedeutet, seine Entwicklung abzubremsen, seine Energien und Emotionen zu unterdrücken. Der konditionierte Mensch lernt von klein auf seine Inspiration, seine Unabhängigkeit, seine Spontaneität, seine sexuellen Energien und seine Gefühle zu unterdrücken. Dadurch wächst die Verkrampfung in seinem Rücken immer mehr, und die Rückenmuskulatur speichert diese ungelösten Konflikte wortwörtlich als „Spannungen"!

Langfristig gesehen verliert die Wirbelsäule dabei ihre natürliche Beweglichkeit, und der Mensch nimmt dem Leben gegenüber eine unbeugsame und steife Haltung ein. Gleichzeitig wächst aber auch der Ärger und die Wut auf sich selbst, da er eigentlich lieber ein aufrichtiges Leben führen möchte. Wird selbst diese Wut nicht zum Ausdruck gebracht, so schlägt sie um in Groll, Bitterkeit und eine

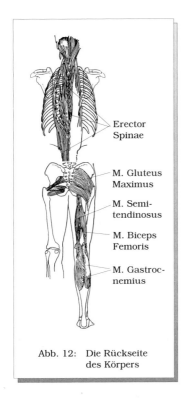

Abb. 12: Die Rückseite des Körpers

vergiftende Haltung dem Leben gegenüber. Die Rückenmuskulatur ist bei einem Großteil der Menschheit unter ständiger Anspannung. Folge davon ist, daß die Bandscheiben, die sich zwischen den einzelnen Wirbeln befinden, konstant gequetscht werden. Schreitet diese Quetschung so weit fort, daß die kleinen Nervenstränge, die zwischen den Wirbeln aus der Wirbelsäule austreten, zusammengedrückt werden, entstehen heftige Rückenschmerzen.

Das Zwerchfell

Das Zwerchfell ist ein kuppelförmiger Muskel, der den Bauchraum vom Brustraum trennt. Direkt oberhalb des Zwerchfells sind die Lungen und das Herz; direkt unterhalb befinden sich die inneren Organe (Magen, Bauchspeicheldrüse, Leber, Gallenblase, Zwölffingerdarm und Nieren). Das Zwerchfell ist der Hauptatemmuskel, d.h. es zieht durch Kontraktion die Lungen nach unten, welche sich dann durch den entstehenden Unterdruck füllen. Beim Ausatmen entspannt sich das Zwerchfell lediglich. Ein gesundes Zwerchfell ist wichtig für die Sauerstoffversorgung des Körpers und somit für seine Gesundheit. Auch das Zwerchfell ist wichtig für den Energiefluß im

Körper. Das Zwerchfell ist das Tor, durch das die im Bauch erzeugten tiefen Gefühle zu den oberen Teilen des Körperbewusstseins streben.

Von oben gesehen scheint das Zwerchfell wie ein muskulöser Deckel zu funktionieren, der fest auf dem Bauch-„topf" sitzt. Da der Bauch in der Regel voller gärender Gefühle ist, unterliegt dem Zwerchfell die Aufgabe, zu kontrollieren, wie heftig diese Gefühle zum Ausdruck gebracht werden. Ist das Zwerchfell biegsam und funktionstüchtig, durchfließen es die Energien auf natürliche und spontane Weise. Im Gegensatz dazu führt die chronische Zu-„rück"haltung der Gefühle im Bauch zur Starrheit bzw. Panzerung des Zwerchfells. Der Bauch gleicht dann mehr einem Dampfkochtopf. Als Ventil dienen dann körperliche oder psychische Krankheiten. Blockierung im Zwerchfell zieht nicht nur eine Verringerung der Empfindung unangenehmer Gefühle nach sich, sondern auch eine Verminderung der Erfahrung angenehmer Gefühle und Freude.

„Der Grund für diesen Widerstand gegen ein freies Pulsieren des Zwerchfells ist klar: Der Organismus verteidigt sich gegen Sinneswahrnehmung von Lust oder Angst, die mit der Bewegung des Zwerchfells unvermeidlich auftreten."

Wilhelm Reich

Psychosomatik

Schmerzen im Rückenbereich stehen generell im direkten Zusammenhang mit der Angst vor Aufrichtigkeit im Leben. Überlastung durch „sich nicht spüren wollen", „sich nicht helfen lassen wollen" oder durch andere Formen der Zurückhaltung sind hier in der Regel die Themen. Häufige psychosomatische Begleiterscheinungen können nervöse Magenbeschwerden, ständige Übelkeit bei Unfähigkeit zu erbrechen, Magengeschwüre, Gallenblasenerkrankungen, Lebererkrankung und Diabetes sein. Bei steifer Wirbelsäule kommt es zu Anfälligkeit für Muskelzerrungen, Verrenkungen, Bänderrisse, Arthritis, Hämorrhoiden, Prostatitis, Colitis, Colon spasticus, Nervenleiden, Neigung zu Bandscheibenvorfällen, Kopfschmerzen bis hin zu Migräne, Sehprobleme und vieles mehr.

Weitere mögliche Themen der 6. Sitzung

Findung des Gleichgewichtes zwischen Energie zu „rück"-halten (Repression = Depression) und spontan mit seiner Aufrichtigkeit (Impuls) zu gehen. Ferner geht es um Intellekt, Machttrieb, gesellschaftliche Identifikation und die Fähigkeit, sich und seine Gefühle zu leben.

Fragen:

Bin ich zurückhaltend? Bin ich spontan? Gehe ich wirklich vorwärts, oder neige ich mich zu „rück" beim Gehen? Bin ich aufrichtig? Stehe ich für mich gerade?

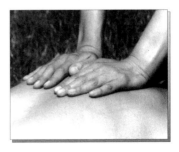

♥

Repression heißt ein Leben zu leben, für das du nicht bestimmt warst. Repression heißt Dinge zu tun, die du nie tun wolltest. Repression heißt jemand zu sein, der du nicht bist. Repression ist eine Methode, dich selbst zu zerstören. Repression heißt Selbstmord - ein sehr langsamer natürlich, aber ein ganz sicherer, ein langsamer Vergiftungsprozeß. Expressivität ist Leben; Repression ist Selbstmord

Lebe ein Leben voller Ausdruck, Kreativität, Freude. Lebe so, wie Gott es dir bestimmt hat; lebe natürlich. Und laß dir von den Priestern keine Angst einjagen. Höre auf deine Instinkte, höre auf deinen Körper, höre auf dein Herz, höre auf deine Intelligenz. Verlasse dich nur auf dich selbst, folge deiner Spontaneität, wohin sie dich auch führt, und du bist immer auf dem richtigen Weg. Höre nicht auf die, die dich vergiften wollen, höre auf die Stimme der Natur. Die Priester haben euch beigebracht, das Niedere zu unterdrücken. Und sie erklären das ganz logisch. Sie haben nur eines dabei vergessen: Gott ist unlogisch. Sie sind völlig logisch, und das verlockt euch. Deshalb habt ihr seit Jahrhunderten auf sie gehört und folgt ihnen. Es leuchtet dem Ver-

stand ein, nicht auf das Niedrige zu hören, wenn man Höheres erreichen will, das klingt logisch. Wenn du hoch hinaus willst, darfst du nicht hinabsteigen; also geh nicht nach unten, geh nach oben - völlig rational. Das einzige Problem ist nur, daß Gott irrational ist.

Wenn du wirklich authentisch und wahrhaftig sein willst, mußt du Risiken eingehen. Repression ist ein Weg, das Risiko zu vermeiden. Zum Beispiel hat man dir beigebracht, niemals wütend zu sein, und du denkst, daß jemand, der nie wütend ist, zwangsläufig sehr liebevoll sein muß. Das stimmt nicht. Jemand, der nie wütend ist, kann auch nicht lieben. Beides gehört zusammen, beides stammt aus einer Packung. Ein Mann, der wirklich liebt, ist manchmal auch richtig wütend. Aber seine Wut ist schön, sie kommt aus Liebe. Seine Energie kocht, und du fühlst dich nicht durch seine Wut verletzt. Tatsächlich bist du ihm dankbar für seine Wut. Habt ihr es schon mal beobachtet? Du liebst jemanden und tust etwas, das ihn wütend macht, und er wird wirklich wütend und zeigt es auch. Dann bist du ihm dankbar, weil er dich so sehr liebt, daß er es sich erlauben kann, wütend zu werden. Wozu sonst die Mühe?

Osho - Die tantrische Transformation

Übungen

Übung 16   (benötigte Zeit ca. 10 Minuten)

Lege dich auf den Rücken und stelle die Beine auf. Atme sanft in den Bauch. Beim Einatmen neige das Becken nach unten, beim Ausatmen nach oben. Öffne dich für die Möglichkeit, daß deine Atemzüge sich vertiefen und die Atemfrequenz sich erhöhen möchte. Atme hörbar und lasse Töne aus dem Mund fließen. Finde deinen Spaß dabei!

Übung 17   (benötigte Zeit ca. 20 Minuten)

„Wenn deine Wirbesäule aufrecht ist und du sitzt im Lotussitz, die Beine gekreuzt, so ist der Körper in seinem entspanntesten Zustand. Laß die Wirbelsäule aufrecht sein und den Körper ganz locker. Von der Wirbelsäule herabhängend, nicht angespannt, denn so hat die Schwerkraft den geringsten Einfluß auf dich. Du bist hellwach und lebendig. Du bist aufmerksamer im Lotussitz". Osho – The Tantra Vision

Abb. 13:   Der Lotussitz

Selbsterfahrungsbericht

Ich hatte mich im Rahmen des Rebalancing Trainings für eine Demonstrationssitzung zur Verfügung gestellt. Bald schon wurde mir bewusst, daß vor allem Schmerz, Traurigkeit, Wut und Kraft in mir eingesperrt sind. Am stärksten spürte ich Wut und ein wildes Tier in mir. Es wurde heißer und wilder, es wollte Raum, um sich zu zeigen. Als es ganz „da" war, ließ der Trainingsleiter mich aufstehen. Ich fühlte mich sicher und hatte Vertrauen. Mein Körper begann sich ganz auszupressen, als hätte er lange nur darauf gewartet. Jeder Muskel in mir trug dazu bei, diese Wut herauszubringen, und sie kam als reines, brüllendes Feuer. Hier und jetzt war der Platz, mich total von diesem wilden Tier erfüllen zu lassen: „Meine Hände sind Pranken, meine Stimme die eines Jaguars, und mein Körper ist so geschmeidig und kraftvoll, daß ich das Gefühl habe, er ist zum ersten Mal ganz. Ich bin reine Wut. Und es gibt keine Katastrophe! Ich kann allen, die im Kreis um mich stehen, meine ganze Wildheit zeigen, und ich werde nicht abgelehnt, ausgestoßen oder bekämpft. Irgendwann wird mein Körper weich, ich lasse mich auf eine Matratze sinken und bin so tief gelöst und entspannt wie lange nicht mehr". Als ich mich aufrichtete und in die Augen der Zuschauer blickte, hatte mein Kontakt zu jedem einzelnen viel deutlichere Konturen angenommen. Ich fühlte mich gesehen, präsent und herausgehoben aus einer Welt der blassen, kaum sichtbaren Nebelgestalten in den Kreis der greifbaren Menschen. Natürlich gleite ich auch heute noch gelegentlich in meine nebligen Bereiche, aber ich habe jetzt sehr viel mehr Vertrauen in meine Kraft.

Patrick

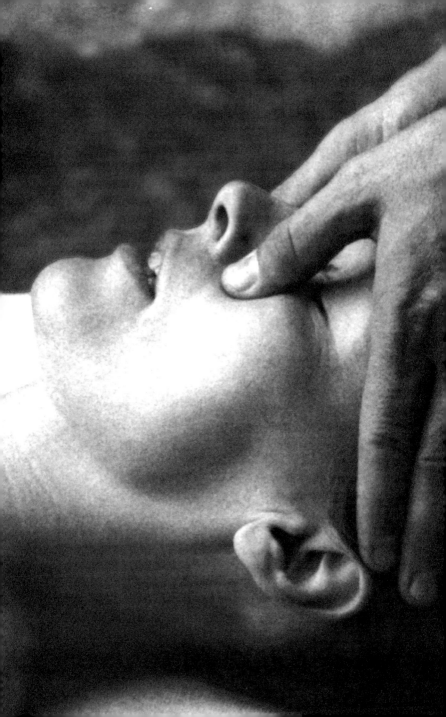

7. Sitzung

Das Kopfzentrum

„Du hast nichts zu verlieren, außer deinem Kopf"

Kopf, Nacken und Gesicht

Der Kopf

Der Kopf besteht aus dem Hirnschädel und dem Gesichtsschädel. Der Hirnschädel wird von acht Knochen gebildet und beherbergt das Gehirn, eines der größten Wunder auf Erden. Dieses geniale Instrument des Körpers kann allerdings auch ein Problem im Leben eines bewussten Menschen werden. Hauptsächlich die westlichen Zivilisationen haben sich ein Leben kreiert, das voll ist von unnatürlichen Regeln, Richtlinien und Normen. Die kontrollierenden Eigenschaften des Verstandes werden so sehr gefördert und trainiert, daß der Mensch oft hoffnungslos seinem Verstand ausgeliefert ist. Dieser macht sich selbständig und mischt sich selbst in Bereiche des menschlichen Lebens, in denen er überhaupt nichts zu suchen hat.

Die Geheimnisse der Liebe und der Mystik mit dem Verstand erfassen zu wollen, ist genauso absurd wie der Versuch, Suppe mit einer Gabel zu essen. Die Liebe und die Mystik lassen sich nur über das Herz- und Bauchzentrum erfahren. In der westlichen Erziehung sind leider kaum Methoden bekannt, wie man Logik und Ratio loslassen kann, ohne dabei zum Neandertaler zu degenerieren. Mystiker werden nie müde zu sagen: „Lernt von euren Kindern". Denn eine weitere Folge der westlichen Hingabe an die Logik ist, daß der natürliche Sinn für Wunder und Mysterien, den Kinder noch haben, verloren gegangen ist. Der Verstand erhält lieber die Illusion aufrecht, früher oder später das ganze Universum rational erklären zu können.

Eigentlich geht es also darum, dem Verstand den Platz zuzuweisen, der ihm zusteht. Der Verstand sollte dem Organismus Mensch ein Diener sein und idealerweise mit dem Herz- und dem Bauchzentrum zusammenarbeiten.

Das Gesicht

Das Gesicht ist der Teil des Körpers, der unverhüllt gezeigt wird. Die Gesichtsmimik vermittelt viele Botschaften, die den gesprochenen Worten erst einen Sinn geben. Das Gesicht spiegelt die Gefühlswelt wieder, sofern der Verstand es zulassen kann. Versucht man etwas vor seinen Mitmenschen zu verbergen, spannen sich die Gesichtsmuskeln an, und es entsteht eine muskuläre Maske! Viele Menschen, vor allem Frauen, versuchen ihr Image mit Kosmetik aufzupäppeln und kreieren so eine kosmetische Maske.

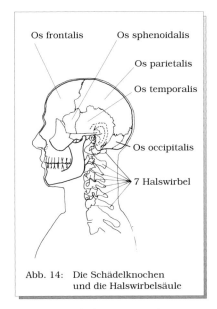

Abb. 14: Die Schädelknochen und die Halswirbelsäule

♥

Von frühester Kindheit an wurde dir beigebracht, Masken zu tragen, wunderschöne Masken, aber eine Maske ist billig, dein Gesicht wirklich zu zeigen ist schwierig. Dein Gesicht anzumalen ist einfach – aber plötzlich dein wahres Gesicht zu zeigen, löst ein Zittern in deinem tiefsten Innern aus.

Osho – Vigyan Bhairav Tantra

Nacken, Hals, Kehle und Kiefer

Nacken und Hals dienen als Hauptkanal, durch den das Gehirn mit dem Rest des Körperbewusstseins kommuniziert. Wie eine Telefonzentrale vermitteln sie die energetischen Verbindungen zwischen ein- und ausgehenden Gesprächen. Aufgrund ihrer Struktur und Position müssen Hals und Nacken ständig zwischen Gefühlen, Gedanken, Impulsen und Reaktionen vermitteln. Außerdem kommen dem Hals und Nacken die verantwortungsvolle Aufgabe zu, den empfindlichen Kopf im Gleichgewicht zu halten und vor Verletzungen zu bewahren. Zum Beispiel bei aggressiven Einwirkungen von außen reagiert der Nacken damit, den Kopf einzuziehen (die Angst im Nacken). Bei chronischer Überlastung können Nackenschmerzen bis hin zu einer Halswirbelsäulenverkrümmung entstehen!

Kehle und Kiefer sind die Ausdrucksorgane des Menschen. Töne, Laute oder Gedanken werden hier in Schallwellen verwandelt. Andererseits sind sie das Tor zum Verdauungstrakt und haben dadurch diverse Aufgaben bei der Nahrungsbeschaffung und -zerkleinerung. Daß der Hauptkiefermuskel der kräftigste Muskel des Körpers ist, beweist, welche grundlegende Rolle der Kiefer für den Körper spielt.

Aggressive Machtkämpfe um Nahrung, Essen und Überleben, das freie Ausdrücken der eigenen Meinung, das Durchlassen von Lebensenergie in Form von Jauchzen und Singen sind alles Energien, die vom Verstand zensiert und im Kieferbereich festgehalten werden können. Die Hauptgefühle, die durch Bearbeitung des Kiefers immer wieder gelöst werden, sind Gewalt, Aggression, Wut, Kampf und Tränen.

Psychosomatik

Schmerzen und Probleme im Hals- Nackenbereich stehen oft in Zusammenhang mit der Angst vor Schuld und Kommunikationsschwierigkeiten oder Konflikten im Bezug auf das eigene Selbstbild. Ein herabgesunkener Kopf signalisiert Niederlage und emotionale Erschöpfung. Ein langer, zierlicher Hals zeigt stolze Haltung, der Stiernacken hartnäckige, aggressive Haltung. Ein zurückgezogener Kiefer bedeutet zurückgehaltene Traurigkeit, Wut und darin gehemmt zu sein, seine Empfindungen und Überzeugungen mündlich auszudrücken. Ein vorgeschobener Kiefer ist hingegen eine herausfordernde Charakterhaltung, aggressiv und arrogant. Angespannte Kiefer findet sich bei übermäßiger Selbstkontrolle und dem Lebensgefühl, „sich durchbeißen zu müssen". Bei Belastungen im Kopf-Halsbereich können Schiefhals, Nervenreizungen, Kurz-bzw. Weitsichtigkeit, Gehörschäden, Kiefer- und Zahnprobleme die Folge sein!

Weitere mögliche Themen der 7. Sitzung

Kreativität, das Übernehmen von Verantwortung für das eigene Handeln, Ausdruck und Selbstidentifikation.

Fragen:

Habe ich Angst, den Kopf oder mein Gesicht zu verlieren? Sitzt mir die Angst im Nacken? Ist mein Leben überorganisiert? Muß ich mich oft durchbeißen?

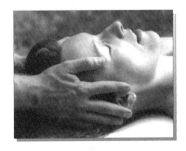

♥

Der Kopf ist oberflächlich. Er hat eine bestimmte Aufgabe. Benutzt ihn, aber laßt euch nicht von ihm benutzen. Wenn der Kopf erst einmal euch benutzt, werdet ihr ängstlich und nervös. Angst macht sich breit, und ihr werdet eures Lebens überdrüssig. Euer Leben wird zu einer einzigen ausgedehnten Qual, und ihr könnt nirgendwo eine Oase finden; es ist wie eine Wüste. Merkt euch: Das Lebenswichtige darf man nicht unterdrücken. Das Unwesentliche muß hinter dem Wesentlichen zurückstehen; es muß wie ein Schatten nachfolgen. Man kann überhaupt nichts unterdrücken, ohne daß es Schwierigkeiten gibt.

Osho - I Say Unto You

Der menschliche Verstand wurde pervertiert, als er anfing, entgegen seiner eigenen Natur auf die Priester und Politiker zu hören. Perversion fängt in dem Augenblick an, wo du gegen deine Natur gehst. Du kannst deine Natur nicht aus dem Fenster werfen; sie ist in dir drin. Aber wenn du gegen sie angehst, wird ihr natürlicher Ausdruck verhindert. Und wenn der natürliche

Ausdruck verhindert wird, findet die unnatürliche Energie einen anderen Weg; sie muß herauskommen. So zum Beispiel hat das Zölibat zur Folge, daß Millionen von Menschen pervers sind. Ihre Perversion wurzelt in der Idee der sexuellen Enthaltsamkeit, des Zölibats. Daraus entsteht Homosexualität, entsteht lesbische Liebe, entsteht Sodomie, entsteht Pornographie. Und jetzt hat all diese Perversion eine neue Krankheit in die Welt gesetzt: Aids, für das es kein Heilmittel gibt.

Osho - The Rebel

Ein wahrhaft rationaler Mensch ist jemand, der auch die Irrationalität zuläßt, denn so ist das Leben eben. Wenn ihr über eure Vernünftigkeit nicht lachen könnt - weil ihr Lachen lächerlich findet -, dann steht euch Schweres bevor, dann ladet ihr euch Schwierigkeiten ins Haus. Gewiß, Logik ist gut, aber Lachen ist besser - und Lachen bringt euch ins Gleichgewicht. Es ist gut, ernst zu sein, und es ist auch gut, unernst zu sein, und zwischen diesen beiden sollte ein ständiger Ausgleich stattfinden.

Osho - I Say Unto You

Übungen

Übung 18   (benötigte Zeit ca. 10 Minuten)

Zu dieser Übung brauchst du einen Partner, dem du vertraust, eine schöne weiche Matratze und eine geschützte, ungestörte Umgebung. Bei dieser Übung geht es um Vertrauen. Es geht darum, dich ausgestreckt und mit geschlossenen Augen nach hinten fallen zu lassen. Dein Partner sollte sich hinter dir so aufstellen, daß er dich beim Rückwärtsfallen auffangen kann, bevor du den Boden berührst. Wenn es dir sicherer erscheint, diese Übung mit einer Matratze zu machen, dann ist das sicherlich besser. Dein Körper sollte beim Fallen nicht zusammenklappen, sondern ausgestreckt nach hinten fallen. Wiederhole diese Übung zwei- oder dreimal und beobachte, wie und wo dein Körper sich verspannt. Tauscht die Rollen.

Übung 19   (benötigte Zeit ca. 15 Minuten)

Diese Übung ist eine kleine Meditation. Sie ist speziell dafür kreiert, all den lärmenden Müll aus dem Verstand hinauszuwerfen und Platz zu schaffen für Meditation. Beginne also damit, ca. 5 Minuten Töne und Laute zu machen, all die aufgestaute Kontroll- und Denkenergie hinauszuwerfen. Bewege deinen ganzen Körper und spreche eventuell eine Sprache, die du nicht kennst. Die nächsten 5 Minuten sitze still und beobachte, sammle die freigewordene Energie in dir. Die letzten 5 Minuten lasse den Körper los und liege schließlich flach am Boden. Erlaube dir, ganz entspannt im „Hier und Jetzt" zu sein.

Selbsterfahrungsbericht

Wunderbar, ich bekomme meinen Nacken massiert, meine ewig schmerzende Stelle. Ich atme, seufze, genieße die Berührung. Da plötzlich stockt mir der Atem, die liebevoll arbeitenden Hände gehen beiderseits meiner Nackenmuskulatur in die Tiefe. Ich bin wie gelähmt, mein Kopf läßt sich nicht mehr drehen, meine Arme sterben ab, mein Körper wird hart wie Stein, die Beine verschwinden aus meinem Wahrnehmungsbereich. Von mir bleibt nur ein griechisch-römischer Torso übrig, ohne Arme, ohne Beine, festgemacht mit Eisenstäben, leblos, tot. Da fällt es mir wie Schuppen von den Augen: Durch den haltenden Druck der Hände wird mir bewusst, daß mein Nacken, sonst von mir unbemerkt, meine Lebendigkeit, meine Gefühle, meine Kreativität kontrolliert. „Was wäre, wenn du die Kontrolle loslassen würdest", fragt mein Rebalancer. Sofort erscheint auf meiner inneren Leinwand das Bild einer atomar völlig zerstörten Landschaft, in der es keinerlei Leben mehr gibt, ich bin allein. Ich kann also wählen zwischen Pest und Cholera: Zeige ich meine Energie, dann sind alle tot - zeige ich sie nicht, bin ich tot. In beiden Fällen bin ich allein. Ganz langsam beginne ich zu verstehen, daß meine Zurückhaltung und das Kontrollieren meiner Gefühle und meiner Lebendigkeit als Kind wahrscheinlich lebensnotwendig gewesen ist, denn ich wollte keine Schläge und keinen Liebesentzug mehr erfahren. Daß ich heute aber die Wahl habe, mich zurückzunehmen und abseits zu stellen oder zu leben und auch mal anzuecken, unbequem zu sein, zuviel zu sein. Es erscheint mir nicht mehr so lebensbedrohlich: „Lebe wild und gefährlich."

Vedanta

Übersicht der Integrationssitzungen (8-10)

8. Sitzung: Die Links-Rechts Spaltung –
„Innere Frau und innerer Mann"

Linke und rechte Körperhälften weisen strukturell sichtbare und von innen wahrnehmbare Unterschiede auf. Das Ziel ist, herauszufinden, wie sich die Spaltung zwischen innerer Frau und innerem Mann auf Körper und Psyche auswirken. Frage: „Sind meine weiblichen und männlichen Persönlichkeitsaspekte im Gleichgewicht miteinander?"

9. Sitzung: Die Oben-Unten Spaltung –
„Ein neues Gleichgewicht entsteht"

Meist sind im Körper mehrere solcher „Grenzen" vorhanden, die den Energiefluß in vertikaler Richtung behindern oder gar blockieren. Es geht prinzipiell aber immer darum, die Beziehung zwischen oberer und unterer Hälfte des Körperbewusstseins zu erforschen. Frage: „Habe ich Kontakt zu meiner Natur, meinen Wurzeln?" „Habe ich Kontakt zu meiner Göttlichkeit, den Früchten?"

10. Sitzung: Von der Spaltung zur Ganzheit –
„Die Integration beginnt"

Inhalt dieser Sitzung ist es, die losen Enden des bisherigen Prozesses miteinander zu verknüpfen. Der Fokus ist darauf gerichtet, Integration und Einheit im Körper zuzulassen und die integrierende Wirkung von Meditation zu erkennen. Frage: „Kann ich mich als Einheit wahrnehmen?"

Zusammenfassung

Die ersten sieben Schritte der Zehnerserie waren der bewussten Erfahrung der eigenen Körper- und Charakterstrukturen gewidmet. Es ging vor allem darum, zu erkennen, wie die eigene Lebensenergie blockiert bzw. deformiert wird. Der eigene Ausgangspunkt, der „Status quo" ist jetzt erkennbar. Jetzt wird es wichtig, diesen Ausgangspunkt zu akzeptieren, nach innen zu schauen und neue Wege zu erforschen, die ein Leben im Gleichgewicht ermöglichen können.

Mit den folgenden Integrationssitzungen kommen wir zu Themen, die sich mit dem Erwachsenwerden, dem inneren Wachstum und mit Weisheit (Themen des 5.- 7. Chakras) auseinandersetzen. Der Körper hat durch die ersten sieben Sitzungen sein gewohntes „Gleichgewicht" verloren. In den folgenden drei Sitzungen wird der wichtige Integrationsprozeß in Gang gesetzt, der nach der Zehnerserie weitergeht. Dadurch entsteht die Möglichkeit, ein neues, ausgewogeneres Gleichgewicht zu kreieren, das mit einem neuen Lebensgefühl einhergeht.

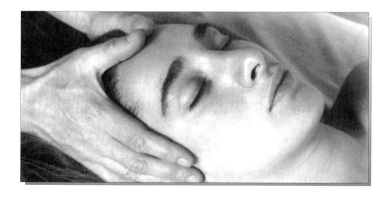

Tagebuchseite

Beantworte dir selbst bitte folgende Fragen:

1. Was haben die Kernsitzungen für mich getan?
2. Was erwarte ich von den Integrationssitzungen?
3. Wo im Körper fühle ich ein Ungleichgewicht?
4. Welche Unausgewogenheiten fallen mir in meinem täglichen Leben auf?
5. Wie stelle ich mir mein neues Gleichgewicht vor?
6. Durch welche konkreten Schritte könnte ich es verwirklichen?

Übung 20 (benötigte Zeit ca. 50 Minuten)

Greife wieder auf die Urteilslisten zurück (Übung 1 & 11). Beschäftige dich nochmals mit den Urteilen, die dich selbst am meisten blockieren. Danach rufe dir wieder deine daraus resultierenden Glaubenssätze in Erinnerung. Haben sich eventuell Urteile verändert? Sind neue hinzugekommen? Hat sich dein zentraler Glaubenssatz verändert? Kannst du erkennen, wie deine Urteile und Glaubenssätze dein Leben einschränken, bestimmen und blockieren?

Schreibe die Urteile und Glaubenssätze, die du bereit bist loszulassen, auf ein Blatt Papier. Bereite an einem passenden Ort ein Verbrennungszeremoniell vor. Verbrenne das Blatt Papier und fühle, was diese Zeremonie mit dir macht. Kommen die Urteile und Glaubenssätze wieder?

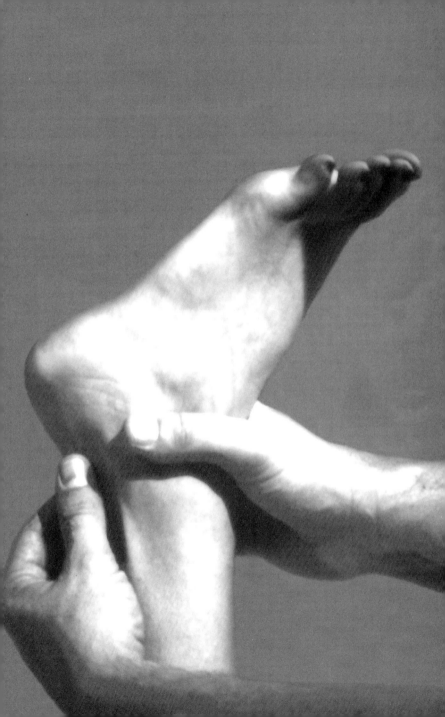

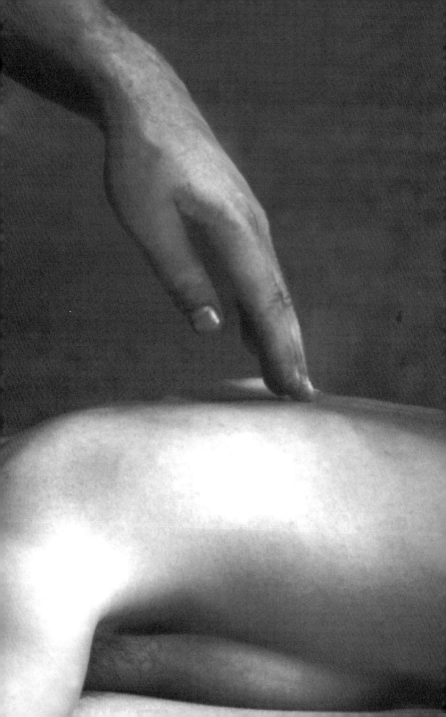

8. Sitzung

Die Links-Rechts Spaltung

„Die innere Frau und der innere Mann"

Die beiden Körperhälften

Das Modell „innere Frau" und „innerer Mann"

Obwohl die beiden Körperhälften äußerlich ähnlich erscheinen, beherbergen und beleben sie verschiedene Persönlichkeitsaspekte. Die linke Gehirnhemisphäre kontrolliert die meisten motorischen und neuromuskulären Funktionen der rechten Körperhälfte; die rechte Gehirnhemisphäre lenkt die meisten Funktionen der linken Körperseite! Wissenschaftliche Untersuchungen haben ergeben, daß die linke Gehirnhälfte völlig andere Aktivitäten bezüglich Charakter und Eigenschaften aufweist als die rechte Gehirnhemisphäre.

Nach Auffassung von Robert Ornstein, einem Pionier auf dem Gebiet der Hirnforschung, wird die linke Hemisphäre hauptsächlich zu analytischem und logischem Denken, insbesondere bei verbalen und mathematischen Funktionen, eingesetzt. Die rechte Hemisphäre ist hingegen hauptsächlich für räumliches Orientierungsvermögen, künstlerische Betätigung, Handfertigkeit, Körpereindrücke und das Erkennen von Gesichtern zuständig.

Die rechte Körperhälfte beherbergt also maskuline Persönlichkeitsaspekte wie z.B. Logik, Ratio, Durchsetzungsvermögen, Aggressivität, Ausdruck, Autorität und schöpferische Kräfte. In dieser Seite wohnt „der innere Mann" und der Vater.

Die linke Seite des Körperbewusstseins hingegen wird als die Seite angesehen, die von den femininen Persönlichkeitsaspekten bewohnt wird. Intuition, Emotion, rezeptive Passivität, kreatives Denken, Religiosität und empfangende Kräfte sind hier zu finden. In dieser Seite ist „die innere Frau" und die Mutter zuhause.

Ursprung der Links-Rechts Spaltung

Seit mehreren tausend Jahren hat in den meisten Gesellschaften rund um den Globus der Mann die „Herr"schaft. Diese Vorherrschaft drückt sich auf allen Ebenen des Seins aus und ist so in Fleisch und Blut übergegangen, daß sie nur mit Mühe bewusst wahrgenommen werden kann. Deshalb bestimmen Ratio, Kontrolle, offene oder unterdrückte Aggression und Leistungsdruck das Leben der meisten Menschen. Gelernt werden diese Dinge unter anderem schon im vorgeburtlichen Stadium durch Hormone, chemische Zusammensetzung des Blutes, Geräusche und Schwingungen im Mutterbauch. Das einschneidendste Erlebnis in dieser Hinsicht ist jedoch, wie schon auf Seite 35 angedeutet, der Geburtsvorgang.

Ein bekannter Pionier auf dem Gebiet der alternativen Geburt ist Dr. Frédérick Leboyer, ein französischer Frauenarzt, der eine humanistische Methode für den Geburtsvorgang entwickelt hat. Dabei wird eine Geburtsumgebung geschaffen, die nicht nur für den Arzt und die werdende Mutter, sondern insbesondere auch für das Kind angenehm und komfortabel ist. Leboyer ist der Ansicht, daß die meisten Krankenhausgeburten inmitten von Gefühllosigkeit, Gewalt, grellem Licht, schrillen Geräuschen und anderen aggressiven Handlungen stattfinden, die eine brutale Mißachtung der Bedürfnisse des Neugeborenen darstellen. Leboyer nimmt an, daß ein Kind, das wie die meisten von uns unter diesen Bedingungen zur Welt gekommen ist, sich sofort gegen diese Gefühllosigkeiten wappnet, die ihm zugefügt werden. Als Reaktion auf die Grausamkeit seiner Umgebung kann das Kind eine aggressive Lebenseinstellung einnehmen, oder aber es kommt zu einer Abwendung vom Leben, was eigentlich nichts anderes als eine Form passiver Aggression ist. Bezüglich der Links-Rechts Spaltung bedeutet dies, daß wir zu einem sehr frühen Zeitpunkt eine Vorliebe für die rechte Körperhälfte und die linke Gehirnhälfte entwickelt haben.

Leboyers Technik besteht aus sanfter Beleuchtung, sanfter Handhabung, spätem Abnabeln und einem sanften Massieren des Neugeborenen gleich nach der Geburt. Dieses Verfahren stellt eine Geburt ohne Gewalt dar und findet langsam immer mehr Anklang. Das Ergebnis einer Studie (Rapoport) über Kinder, die mit der Leboyermethode geboren wurden, war sensationell. Alle Kinder sind von Geburt an gesünder, weniger aggressiv, leben im Gleichgewicht und benutzen beide Gehirnhälften gleichermaßen. Auf körperlicher Ebene besteht ein ausgewogeneres Verhältnis zwischen der linken und der rechten Körperhälfte.

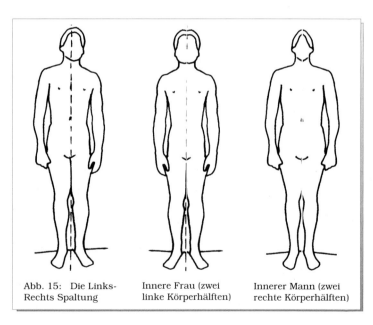

Abb. 15: Die Links-Rechts Spaltung   Innere Frau (zwei linke Körperhälften)   Innerer Mann (zwei rechte Körperhälften)

Psychosomatik

Schmerzen bzw. häufige Unfälle oder Verletzungen an nur einer Körperseite deuten auf einen Konflikt zwischen den beiden Persönlichkeitsaspekten hin. Die Themen sind meist eine Vernachlässigung der inneren Frau durch die fehlende Präsenz des inneren Mannes. Ständig sich wiederholende Beziehungsmuster in den äußeren Beziehungen haben oft ihren Ursprung in Konflikten zwischen dem inneren Mann und der inneren Frau. Diese Konflikte können weitreichende Auswirkungen auf die Gesundheit haben. Bei sehr extremen Spaltungen führt es zu äußerlich sichtbaren Erscheinungen wie Beinverkürzungen, leichten Rückgratsverkrümmungen bis hin zu schweren Skoliosen, Schiefhals und vielem mehr! Häufig leben auch die Kinder die unbeachteten und unbearbeiteten Beziehungskonflikte der Eltern aus.

Fragen:

Bin ich in Kontakt mit meiner inneren Frau? Kann Sie sich entfalten? Habe ich Kontakt mit meinem inneren Mann? Kann Er sich entfalten? Will ich „recht" haben, bin ich „link"isch? Bin ich politisch links oder rechts orientiert?

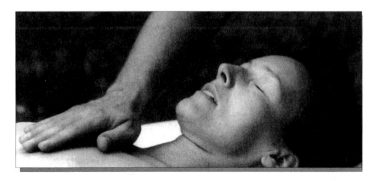

❤

Die moderne Forschung hat eine sehr bedeutungsvolle Tatsache entdeckt, eine der bedeutungsvollsten dieses Jahrhunderts: Der Mensch hat nicht bloß einen Verstand, sondern zwei. Euer Gehirn ist in zwei Hälften geteilt - die rechte Hemisphäre und die linke Hemisphäre. Die rechte Hemisphäre ist mit der linken Körperhälfte verbunden, und die linke Hemisphäre ist mit der rechten Körperhälfte verbunden, über Kreuz. Die rechte Hemisphäre ist intuitiv, unlogisch, irrational, poetisch, platonisch, phantasievoll, romantisch, mythisch, religiös, und die linke Hemisphäre ist logisch, rational mathematisch, aristotelisch, wissenschaftlich, kalkulierend.

Die beiden Hemisphären sind ständig miteinander in Konflikt. Die grundlegende Politik der Welt ist in dir, die wichtigste Politik dieser Welt spielt sich in deinem Innern ab. Du magst dir dessen nicht bewusst sein - aber sobald es dir bewusst wird, erkennst du, daß das eigentliche Problem, das es zu lösen gilt, irgendwo zwischen diesen beiden Seiten des Verstandes liegt.

Der weibliche Verstand besitzt Poesie, der männliche Verstand besitzt Effizienz, und natürlich wird bei einem ständigen Kampf auf lange Sicht die Poesie zwangsläufig unterliegen; der effiziente Verstand wird die Oberhand gewinnen, denn die Welt spricht die Sprache der Mathematik, und nicht die der Liebe. In dem Moment, in dem deine Effizienz die Oberhand über deine Poesie gewinnt, hast du etwas ungeheuer Wertvolles verloren: Du hast den Kontakt zu deinem eigenen Sein verloren. Du bist vielleicht sehr effizient geworden, aber du wirst kein richtiger Mensch mehr sein. Du wirst eine Maschine sein, ein roboterartiges Ding.

Aus diesem Grund gibt es ständig Konflikte zwischen Mann und Frau. Sie können nicht getrennt bleiben, deshalb müssen sie immer wieder in Beziehung treten; aber sie können auch nicht zusammen bleiben. Der Kampf ist nicht außen; der Kampf ist in deinem Inneren. Und meine Meinung ist: Solange du nicht den inneren Kampf zwischen deiner rechten und linken Hemisphäre gelöst hast, wirst du niemals fähig sein, friedlich zu lieben - niemals, denn der innere Kampf wird sich außen widerspiegeln.

Osho - Ancient Music In The Pines

Übungen

Übung 21   (benötigte Zeit ca. 10 Minuten täglich)

Beobachte dich in deinem täglichen Leben. Mit welcher Hand öffnest du die Türe, mit welcher Hand schreibst du, mit welcher Hand ißt du, mit welcher Hand putzt du deine Zähne usw.? Wenn du normalerweise mit der rechten Hand Zähne putzt, dann nimm' jetzt mal deine Linke. Bei jeder Handlung, bei der du eine Körperseite aus Gewohnheit bevorzugst, probiere es mal mit der anderen Körperseite. Nach anfänglichen Schwierigkeiten kannst du sogar wieder lernen, mit der ungeübten Hand zu schreiben! Jede Handlung, die du beiderseits ausüben kannst, verbindet deine beiden Gehirnhälften miteinander.

Übung 22   (benötigte Zeit ca. 15 Minuten)

Setze oder lege dich bequem, schließe deine Augen, spüre deinen Atem und nimm ein paar Atemzüge lang deinen Körper wahr. Dann wandere mit deiner Aufmerksamkeit in deinen Schädel. Erfühle zuerst die eine Gehirnhälfte und dann die andere. Nimm sie so wahr, wie sie gerade sind. Zwischen den beiden Gehirnhälften gibt es einen neuronalen Verbindungsast, eine Brücke. Um diese Brücke zu stimulieren, wende jetzt eine spezielle Atemtechnik an: Presse deine Zunge leicht gegen den Gaumen, nimm eine Hand an deine Nase und halte mit ihr dein linkes Nasenloch zu. Atme durch das rechte Nasenloch ein, halte das rechte zu und atme durch das linke wieder aus. Jetzt atme durch das linke ein und durch das rechte aus usw.!

Selbsterfahrungsbericht

Da liege ich nun auf dem Massagetisch, und der Rebalancer beginnt, an meiner rechten Hüfte zu arbeiten. Mit meiner weiblichen Seite fühlte ich mich sehr wohl, aufgehoben, entspannt und einfach eins mit mir selbst. Mit dem männlichen Pol dagegen geht es mir ganz und gar nicht gut. Die grundlegenden Glaubenssätze meines Vaters hallen durch meinen Kopf: „Hat doch alles keinen Sinn hier. Ich bin müde, antriebslos und fühle mich isoliert. Ich bin resigniert." Ich verschwinde plötzlich im Abgrund meiner rechten Körperseite. Absolute Dunkelheit, Hoffnungslosigkeit und Traurigkeit sind um mich herum. Freier Fall ins Nichts - ein Gefühl, das ich aus Alpträumen von früher her kenne. Verzweiflung und Tränen über Tränen steigen tief aus meinem Bauch heraus auf, begleitet von dem Gefühl, nie, nie, nie wieder von dieser Liege aufstehen zu wollen. Da sind auch Bilder, Kriegsszenen - mein Vater als Jugendlicher auf der Flucht, der frühe Tod seiner Mutter - die mich mein väterliches Erbe plötzlich besser verstehen lassen. Heute, einige Monate später, bin ich sehr dankbar für diese Erfahrung - ein schmerzhafter, aber auch heilsamer Einschnitt in meinem Leben. Ich begreife nach und nach, daß es meine Aufgabe ist, selbst Verantwortung für meine ungeliebte und ziemlich unterentwickelte männliche Seite zu übernehmen. Niemand kann mir abnehmen, sie zu nähren und ihr Platz zu geben, nicht einmal der männlichste, väterlichste, fürsorglichste Mann an meiner Seite. Aber ich habe immer noch Momente, da geht mir das schon gegen den Strich. Ein schöner Prinz auf einem weißen Pferd - das wäre doch einfach zu schön...

Aradhana

9. Sitzung

Die Oben-Unten Spaltung

„Ein neues Gleichgewicht entsteht"

Die Wurzeln und die Früchte

Die untere Hälfte des Körperbewusstseins

Da diese Hälfte dem weiblichen Prinzip entspricht, fühlen sich die meisten Frauen in dieser Körperhälfte mehr zuhause. Das wird äußerlich sichtbar durch die Überentwicklung des Bauches, Beckens, der Oberschenkel und der Beine.

In funktioneller Hinsicht steht die untere Hälfte des Körperbewusstseins in direktem Kontakt zu der Fruchtbarkeit der Erde und der Innenwelt. Sie hat die Funktion des Gebärens, Hingebens, Fühlens, Beweglichseins, Gleichgewichthaltens, Stützens, Haltgebens und die Ermöglichung des angenehmen „Erdungszustandes".

Auf psychosozialer Ebene ist die untere Hälfte auf Privatleben, Unterstützung, Selbstprüfung, Häuslichkeit, emotionale Stabilität, Abhängigkeit und Ruhezustand ausgerichtet.

Von der Erde her fließen aufsteigende Energien durch die Beine, die das Individuum in seiner aufrechten Haltung unterstützen und ihm helfen, sich seinem Leben zu stellen. Hier wohnt unter anderem die Sexualität, die Zentrierung, die Intuition, die Selbstunterstützung und das natürliche Selbstvertrauen. Bildlich ausgedrückt handelt es sich hier um die Wurzeln und den Stamm einer Pflanze. Osho gab diesem Aspekt den Namen „Zorba" (Sorbas).

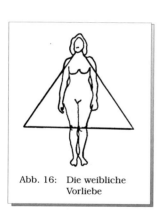

Abb. 16: Die weibliche Vorliebe

Die obere Hälfte des Körperbewusstseins

Da diese Hälfte dem männlichen Prinzip entspricht, fühlen sich die meisten Männer hier mehr zuhause. Hier drückt sich das durch Überentwicklung der oberen Körperhälfte aus. Die Zentrale ist der Kopf, aber auch Brust, Schultern und Arme sind stärker ausgeprägt.

In funktioneller Hinsicht steht die obere Hälfte des Körperbewusstseins in direktem Kontakt zu den Weiten des Himmels und der Außenwelt. Sie hat die Funktion des Hörens, Sehens, Sprechens, Denkens, Ausdrückens, Streichelns, Haltens, Kommunizierens, Atmens und des Kontakaufnehmens mit dem „höheren Selbst".

Auf psychosozialer Ebene ist die obere Hälfte auf Kontakte zur Umwelt, Handlung, Selbstbehauptung, Erforschung, Emotionsausdruck, Unabhängigkeit und Tatkraft ausgerichtet.

Vom Himmel her fließen absteigende Energien durch den Kopf, die das Individuum mit neuen Ideen und Plänen inspiriert und ihm helfen, das eigene Leben zu durchschauen. Hier wohnt unter anderem der Intellekt, das Herz, der Ausdruck des Selbst, die Kreativität, die Klarheit und die natürliche Weisheit. Bildlich ausgedrückt handelt es sich hier um die Äste, Blätter und die Früchte einer Planze. Osho gab diesem Aspekt den Namen „Buddha" (Gautama).

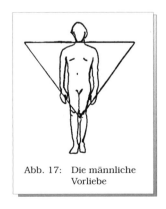

Abb. 17: Die männliche Vorliebe

Die Kopf-Körper Spaltung

Bei der Oben-Unten Spaltung kommt es zu mindestens einer, meist aber mehreren Trennungslinien, die Blockaden, Stauungen und Beschwerden in dem jeweiligen Bereich verursachen. Die ausgeprägteste Trennungslinie der meisten Menschen ist die Kopf-Körper Spaltung. Sie kommt in den Industrieländern besonders häufig vor, da sich der westliche Mensch von seiner Natur getrennt hat.

Der Kopf ist das Symbol für Sicherheit, Ordnung, Zuverlässigkeit, Präzision usw., also für alles, was das Wirtschaftswachstum braucht. Der Körper dagegen ist der emotionale, animalische, wilde Aspekt der Persönlichkeit. Als Entstehungsort natürlicher Gefühle und Triebe ist er vielen Menschen lästig, weshalb sie alles, was mit dem Körper zusammenhängt, unterdrücken und verdrängen.

Diese Spaltung des Menschen, die übrigens verwandt ist mit der Links-Rechts Spaltung, wird bewusst oder unbewusst von den Mächtigen dieser Welt gefördert. Jeder, der Kontrolle und Macht über andere Menschen ausüben wollte, hat sich schon immer in diese Tradition der Sex- und Körperfeindlichkeit eingereiht. Seit Jahrtausenden schüren gewissenlose Priester und Politiker in allen Kulturen der Welt diese Spaltung, indem sie ihren Anhängern einhämmern, daß der Körper schlecht und sündig ist!

Osho Rebalancing möchte seinen Teil dazu beitragen, diese alten Wunden, die den Menschen in Abhängigkeit und Selbstzerstörung treiben, zu heilen. Nur dann kann ein neuer und ungeteilter Mensch entstehen, der sowohl innerlich als auch äußerlich im Gleichgewicht lebt. Osho nannte diesen Menschen symbolisch „Zorba the Buddha".

Psychosomatik

Thema ist hier häufig die Bewusstwerdung der Konflikte zwischen den einzelnen abgetrennten Körperteilen. Vernachlässigung des Körpers und seiner Belange kann zu einer Unzahl von Krankheiten und Beschwerden führen. In der oberen Hälfte können zum Beispiel Kopfschmerzen, nervöse Magenbeschwerden, Asthma oder Arthritis der Handgelenke entstehen. Im unteren Teil dagegen kann es zu verstauchten Fußgelenken, Krampfadern, Hämorrhoiden, Sexualstörungen und Spreizfüßen kommen. Die Kopf-Körper Spaltung löst Anfälligkeiten im Kopf-Schulter-Nackenbereich aus. Sie ist jedoch auf psychischer Ebene auch indirekter Auslöser für eine Vielzahl von Autoimmundefekten, Autoaggressionserkrankungen und anderen Selbstzerstörungsprozessen.

Fragen:

Liebe ich meinen Körper? Gebe ich meinem Körper die Aufmerksamkeit, die ihm gebührt? Wie kann ich die Spaltung zwischen meinem Kopf und meinem Körper auflösen? Will ich hoch hinaus oder bin ich ganz unten?

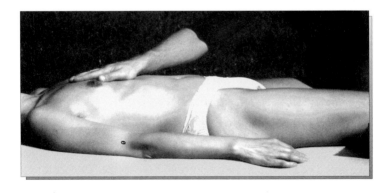

♥

Selbst im Körper haben wir Spaltungen. Der untere Körperteil wird verurteilt - er ist nicht nur körperlich „unten", sondern auch vom Wert her. Der obere Körperteil ist nicht nur „oben", sondern er ist auch „besser". Wegen deines unteren Körperteils fühlst du dich schuldig, und wenn dich jemand fragt: „Wo in deinem Körper bist du zuhause?"; dann wirst du auf deinen Kopf zeigen. Das ist der Mittelpunkt - das Gehirn, der Kopf, der Intellekt. Wir identifizieren uns mit dem Intellekt, nicht mit dem Körper.

Osho - The Ultimate Alchemie, Vol. 2

...Jahrhundertelang hat man den Menschen alle möglichen lebensverneinenden Dinge beigebracht. Den eigenen Körper zu quälen, wurde sogar zur spirituellen Disziplin. Du gehst, du ißt, du trinkst - und alles weist darauf hin, daß dein Körper und dein Bewusstsein ein organisches Ganzes sind. Man kann nicht seinen Körper quälen und gleichzeitig sein Bewusstsein anheben.

Osho - Om Shanti Shanti Shanti

Wir haben eine Spaltung kreiert. Es gibt da eine Barriere, wir haben das Sexzentrum von uns abgeschnitten. Wahrlich, wegen der Sexualität haben wir den Körper in zwei Teile geteilt. Der obere Körperteil ist der bessere Teil; der untere Körperteil ist der schlechtere Teil...

...Das ist der Grund, warum die Brahmanen in Indien sagen: „Wir sind der Kopf, und die Sudras, die Unberührbaren, sie sind die Füße" (Anmerkung des Übersetzers: Höchste und niedrigste indische Kaste). Die Füße sind tiefer als der Kopf. Du bist der Kopf und die Füße bzw. der restliche Körper gehören irgendwie dazu, aber sie sind nicht du. Diese Teilung manifestiert sich auch in der Kleidung. Ein Kleidungsstück für „Oben" und eines für „Unten". Der untere Körperteil ist kein Teil von dir, er hängt an dir dran, er ist ein Anhängsel.

Deshalb ist es so schwierig, das Sexzentrum zum Zentrieren zu benützen. Wenn du es allerdings benutzen kannst, ist das sehr gut. Denn aus biologischer Sicht fließt die Energie sowieso in die Richtung des Sexzentrums.

Osho - Vigyan Bhairav Tantra, Vol. 1

Übungen

Übung 23   (benötigte Zeit ca. 15 Minuten)

Gehe in dein Zimmer, schließe ab, lege deine Lieblingsmusik zum Tanzen auf. Lasse dich ausgelassen tanzen, hüpfen, schnaufen, stöhnen. Erlaube dir alles, was du dich nicht traust, wenn du mit anderen Menschen tanzt. Vielleicht möchtest du ganz sexy tanzen, nur für dich. Fühle deine Lebensenergie, deinen Lebenssaft, habe Spaß, Genieße!

Übung 24   (benötigte Zeit ca. 30 Minuten)

Angelehnt an die Urteilsübungen 1, 11 und 20 bringe deinen Fokus auf die Urteile, die dein Kopf über deinen Körper hat. Lies' sie nach oder schreibe sie neu auf. Anschließend schreibe die Urteile auf, die dein Körper über deinen Kopf hat. Versuche die Urteile miteinander in Bezug zu bringen. Dann nimm' dir zwei Kissen, eines für deinen Kopf und das andere für deinen Körper. Beginne damit, dich auf das erste Kissen zu setzen und laß' den Kopf seine Sätze sagen. Dann wechsle die Kissen und laß' den Körper seine Sätze sagen. Erlaube diesem Streit, der unbewusst tagein, tagaus in dir abläuft, sich einmal ganz offen wie ein Theaterstück vor dir zu entfalten. Lasse dich nach Lösungsmöglichkeiten suchen, indem du ständig die Rollen wechselst. Halte eventuelle Vereinbarungen zwischen den beiden Parteien schriftlich in deinem Tagebuch fest. Achte darauf, daß die Ziele nicht zu hoch gesteckt werden für den Anfang und daß die Vereinbarungen eingehalten werden. Es lohnt sich, diese Übung mehrmals zu machen.

Selbsterfahrungsbericht

Während eines Osho Rebalancing Trainings bekam ich eine Demonstrationssitzung. Die Hände des Behandlers nahmen ruhig mit meinem Körper Kontakt auf. Als sie am Solarplexus arbeiteten, begann ich unvermittelt zu weinen. Es ging einher mit einem Gefühl von Wertlosigkeit, meine oft und immer wieder erlebte „Gewißheit", eine Last für andere zu sein. Meine alten Glaubenssätze tauchten auf: „Ich habe kein Recht, hier zu sein, ich bin dumm und wertlos." Schließlich wurde ich vom Behandler aufgefordert, mich langsam und vorsichtig aufzusetzen. Auf dem Rand des Behandlungstisches sitzend blickte ich in die Runde der Menschen die mich anschauten. Mit der Absicht, auf einen Menschen zuzugehen und ihn zu berühren, stand ich auf. Plötzlich, wirklich wie aus heiterem Himmel, wurden meine Knie weich, meine Beine fingen an zu zittern, mein ganzer Körper schwankte. Für einen Moment wußte ich nicht mehr, wie alt ich bin. Ich war ganz in der Angst gefangen, abgelehnt, verlacht, erniedrigt zu werden. Die Gegenwart der anderen Menschen jedoch war liebevoll und unterstützend, kein Wort wurde gesprochen. Ich konnte meine Gefühle stark und klar strömen lassen, es waren keine Gedanken mehr da. Irgendwann wurde das Strömen weicher, sanfter, und ich bekam wieder Boden unter meine Füße. Am Ende der Sitzung - ich lag wieder schön zugedeckt auf der Behandlungsliege - ging mir auf, wie sehr ich in mir verschanzt gewesen war. Wie sehr meine Begegnungen mit Menschen von Angst geprägt waren, und wieviel entspannter ich jetzt einfach dasein konnte, hinaus- und hinüberschauen in die Welt, zu den anderen.

Sampurno

10. Sitzung

Von der Spaltung zur Ganzheit

„Die Integration beginnt"

Heilung durch Meditation

Die Integration

Das Wort „Integration" kommt von „integer", was soviel heißt wie „vollständig" oder „verläßlich". In dem Wort „integer" wiederum steckt das lateinische Verb „tegere", zu deutsch „berühren". Mit Integration ist also im weitesten Sinne gemeint: „Eins-sein sein mit der Existenz".

Integration ist eine Ganzheitserfahrung. Es ist ein Zustand der Selbständigkeit, Vollständigkeit, Grenzenlosigkeit, in dem man sich ekstatisch und kraftvoll fühlt. Jeder Mensch hat diese Erfahrung schon einmal gemacht. Es kann beim Tanzen, bei einem Waldspaziergang, in einer warmen Sommernacht auf der Veranda sitzend, unter dem Sternenhimmel oder beim Lieben erfahren werden. Für die meisten Menschen jedoch ist dieses Gefühl des Verbundenseins mit der gesamten Existenz eine Erfahrung, die sie das letzte Mal in ihrer Kindheit oder Jugend gespürt haben. Bei der Erinnerung daran füllt sich das Herz mit Sehnsucht danach, diesen Zustand wieder zu erreichen.

Für Osho Rebalancing bedeutet Integration: Sich wieder daran zu erinnern, daß der Körper das Medium zur Vereinigung mit dem universellen Energiefeld sein kann. Integration ist kein konstantes Phänomen, sondern ein Prozeß, so aufregend und lebendig wie das Leben selbst. Die beste Unterstützung hierbei ist Meditation. Das Wort „Medi"tation stammt von derselben Wortwurzel ab wie „Medi"zin. Medizin ist als Heilung für den Körper gedacht, Meditation ist eine Heilmethode für die Psyche. Meditation ist der Schlüssel, der die eigenen Gefängnistüren öffnen kann. Meditation hat das Potential, den Menschen aus der Enge seiner eigenen Vorstellungen, Gewohnheiten und Glaubensgrundsätzen zu befreien!

Psychosomatik

Themen sind hier häufig das Abgetrenntsein vom Ganzen, sich alleine, verlassen und isoliert zu fühlen. Sich einzulassen auf die Ebene höheren Bewusstseins, die Erkenntnis und Integration körperlicher und spiritueller Eigenschaften, die Selbsterkenntnis und Erleuchtung werden hier wichtig. Meditation macht dieses Einlassen möglich. Nur dann kann man die Früchte auf physischer, mentaler, emotionaler und spiritueller Ebene auch ernten. Sich auf Integration im Leben nicht einlassen zu können, führt nicht direkt zu Krankheiten, kann sich aber depressiv auf die Gesamtpersönlichkeit auswirken. Außerdem entgeht einem das Schönste und Höchste im Leben. Der Tod z.B. kann durch dieses Einlassen auf Meditation und Integration zu einem schönen und heilsamen Erlebnis werden, auch für die Hinterbliebenen.

Fragen:

Kann ich mich einlassen auf Integration, Meditation und Spiritualität? Bin ich in Kontakt mit meiner Sehnsucht nach dem Zustand des All-eins-seins?

♥

Einzig und allein Meditation ist in der Lage, den Menschen zivilisiert zu machen, denn Meditation wird deine Kreativität befreien und dir deine Zerstörungswut wegnehmen. Meditation wird deine Mitleidsgefühle erwecken und dir deine Grausamkeit wegnehmen. Meditation wird dich deinem eigenen Sein gegenüber verantwortlich machen, und dann kannst du kein Krimineller mehr sein. Um Krimineller zu sein, brauchst du eine gehörige Portion Unbewusstheit. Meditation zerstört deine Unbewusstheit, öffnet die Türen zum Licht, und plötzlich beginnt zu verschwinden, was du im Dunkeln gemacht hast.

Osho – Sat–Chit–Anand

Meditation ist ein Zustand jenseits des Denkens. Meditation ist ein Zustand des reinen Bewusstseins, ohne Inhalt. Normalerweise ist euer Bewusstsein von einem Schutthaufen zugedeckt, wie ein Spiegel, den der Staub blind gemacht hat. Und im Kopf geht es zu wie zur Hauptverkehrszeit: da verkehren Gedanken, da verkehren Sehnsüchte, da verkehren Erinnerungen, da ver-

kehren ehrgeizige Vorstellungen - es herrscht ständiger Verkehr! Tagein, tagaus. Selbst wenn du schläfst, läuft der Kopf-Mechanismus weiter, du träumst. Du denkst immer noch; der Verstand produziert immer neue Ängste und Sorgen. Er sorgt sich immer schon um den nächsten Tag, im Untergrund laufen ständig Vorbereitungen.

...Meditation ist kein Zustand der Konzentration. Bei der Konzentration ist ein Selbst da, das sich konzentriert, und ein Gegenstand, auf den sich das Selbst konzentriert. Es gibt Dualität. Konzentration ist gespaltenes Bewusstsein, deswegen macht Konzentration müde; deshalb fühlst du dich erschöpft, wenn du dich auf etwas konzentriert hast. Und du kannst dich nicht jahrein, jahraus, vierundzwanzig Stunden am Tag konzentrieren. Von Zeit zu Zeit mußt du dich ausruhen und Urlaub machen. Konzentration kann niemals zu deiner Natur werden. Meditation macht dich nicht müde, meditieren erschöpft dich nicht. Du kannst vierundzwanzig Stunden am Tag meditieren - tagein, tagaus, jahrein, jahraus - ewig. Meditation ist Entspannung, Konzentration dagegen ist Aktion.

Osho - The Orange Book

Übungen

Übung 25 (benötigte Zeit ca. 20 Minuten)

Der erste Schritt: setze dich in einen Sessel und entspanne dich, mach's dir bequem. Der zweite Schritt: schließe die Augen. Der dritte Schritt: entspanne die Atmung. Lasse den Atem so natürlich wie möglich gehen. Mit jedem Ausatmen sage: „Eins". Wenn der Atem ausströmt, sage: „Eins"; atme ein und sage nichts. Bei jedem Ausatmen sagst du einfach: „Eins" .. . „eins" . .. „eins". Und sage es nicht nur, fühle auch, daß die ganze Existenz eins ist, sie ist eine Einheit. Sage es nicht nur mechanisch, sondern hab' das Gefühl - und es hilft dir, wenn du dabei „eins" sagst. Mache das zwanzig Minuten lang jeden Tag. Richte es dir so ein, daß dich niemand dabei stört. Du kannst die Augen aufmachen und auf die Uhr schauen, aber stelle dir nicht den Wecker. Alles, was dich in Schrecken versetzen kann, ist schlecht; es ist also besser, kein Telefon im Raum zu haben, und es sollte auch niemand anklopfen. In diesen zwanzig Minuten mußt du absolut entspannt sein.

Wenn zu viel Lärm von außen kommt, stopf dir Watte in die Ohren. Diese Methode, bei jedem Ausatmen „eins" zu sagen, wird dich so ruhig und still und so gesammelt machen, wie du es dir nicht vorstellen kannst. Mache es am besten morgens oder tagsüber, nie abends; wenn du es abends machst, stört es deinen Schlaf.

Abb. 18: All-Eins-Sein

Osho - Das orangene Buch

Selbsterfahrungsbericht

Bei einer Demonstrationssitzung im Osho Rebalancing Training fragte mich einer der Trainingsleiter, was das wichtigste Erlebnis bei den vorangegangen neun Sitzungen für mich gewesen sei? Die Erinnerungen an alle diese wichtigen Erfahrungen brachte mich an meine ganze aufgestaute Traurigkeit, die ich vor allen Anderen zeigen konnte. Während der folgenden Behandlung passierte eigentlich nichts Besonderes. Ich fühlte mich allerdings sehr klar, als ich mich nach der Sitzung aufsetzte. Irgendetwas war passiert, was ich nicht einordnen konnte. Ich saß auf dem Massagetisch und sah in die Gesichter der einzelnen Gruppenmitglieder. Ich war total entspannt und leer. Mir kamen Tränen tiefer Berührtheit. Ich konnte in Gesichter blicken, die unschuldigen Säuglingen glichen. Alle waren für mich gleich. Es gab kein oben und unten, innen oder außen, kein Ich oder Nicht-Ich, keinen Verstand, der sich darüber Gedanken machte, was ich hier machte und wieso. Dieser Vorgang war ebenso fremd wie auch völlig erhebend für mich. Tiefes Vertrauen war plötzlich da, und mein Atem ging ins Unendliche. Ich spürte ihn von den Haarspitzen bis zu den Fußzehen fließen, ohne jegliche Anstrengung. Eigentlich war es mehr so, als ob ich geatmet wurde. In diesem Zustand lagen Tränen und Lachen ganz nah beieinander, und ich empfand wieder eine tiefe Freude, dies auch zulassen zu können. Ich bekam einen Einblick in das, was Meditation ist. Dafür, daß ich ein solches Geschenk erhalten durfte, das ich nur mit einer neuen Geburt vergleichen kann, bin ich mir, meinen Therapeuten und den mich begleitenden Gruppenmitgliedern unsagbar dankbar.

Werner

Anhang

Meditation: Die stille Ekstase

„Zusatzinformationen"

Meditationsanleitungen und Literaturempfehlungen

Anleitungen für Oshos Meditationstechniken

Osho hat Dutzende von zeitgenössischen Meditationstechniken erfunden und Anleitung für Hunderte von alt-berühmten Techniken gegeben. Auf den folgenden Seiten sind zwei der wichtigsten und auch populärsten Meditationstechniken vorgestellt: die dynamische Meditation und die Kundalini Meditation. Beide Meditationen sind zusammen mit einer Kurzbeschreibung auf speziell dafür entworfenen MCs bzw. CDs erhältlich. Diese beiden Methoden sind besonders zu empfehlen als eine Möglichkeit der täglichen physischen, mentalen und emotionalen Hygiene für unseren stressigen und verschmutzten Lebensstil. Ihr reinigender und transformierender Effekt ist ganz besonders spürbar, wenn sie über einen längeren Zeitraum regelmäßig ausgeübt werden (mindestens dreißig Tage).

♥

Für den modernen Menschen bestehe ich auf aktive Meditationen, keine stillen Meditationen. Denn deine Energie braucht das Ausagieren, sie braucht die Katharsis. Du hast zuviel Energie, jedoch keine Ausdrucksmöglichkeit für diese Energie. Laß die Energie fließen. Durch das Ausagieren schmilzt du in die Existenz hinein. Wenn die Energie weg ist und du dich entspannst, sei still.

Osho – When The Shoe Fits

Die dynamische Meditation (morgens)

1. Phase (10 Minuten): Atme schnell und chaotisch durch die Nase – tiefes, schnelles, kräftiges Atmen ohne jeden Rhythmus. Benutze natürliche Körperbewegungen zur Unterstützung; gehe bis zu deinem Höhepunkt, deinem Gipfel. Dies wird deine alten Muster zerstören und dich vorbereiten, deine unterdrückten Gefühle loszulassen.

2. Phase (10 Minuten): Explodiere: lache, schreie, weine, hüpfe, schüttle dich wahnsinnig. Was immer dir in den Sinn kommt, drücke es total aus. Dadurch wirfst du alle deine Unterdrückungen nach draußen.

3. Phase (10 Minuten): Springe mit erhobenen Armen, das Mantra laut schreiend, 'Hoo! Hoo! Hoo!'. Achte darauf, daß deine Fersen zuerst den Boden berühren. Atme aus, sobald du auf dem Boden aufkommst, so daß alle Luft die Lungen verläßt. Gib alles was du hast, erschöpfe dich ganz und gar. Dieses Schreien geht hinunter bis zu deinem Sexzentrum, und wenn das Sexzentrum von innen angestoßen wird, fängt die Energie an aufzusteigen. Jede Zelle wird mehr bewusst, dann kannst du nicht mehr unbewusst sein.

4. Phase (15 Minuten): Stop! Erstarre in der Position, in der du am Boden aufkommst. Bewege dich nicht, tue nichts. Mit diesem plötzlichen Stop wirst du in dein Zentrum geworfen. Du wirst ein Beobachter werden, ein Zeuge deines eigenen Körpers und Verstandes.

5. Phase (15 Minuten): Feiere, tanze, freue dich mit der Musik. Drücke deine volle Dankbarkeit der Existenz gegenüber aus. Nimm' deine Lebendigkeit mit dir in den Tag.

♥

Erlaube das Schütteln, tue es nicht. Stehe ruhig und fühle es kommen; wenn dein Körper ein leichtes Vibrieren verspürt, dann hilf' ihm, aber tue es nicht. Genieße es, fühle dich gesegnet, erlaube es, empfange es, heiße es willkommen, aber forciere es nicht. Wenn du es forcierst, wird es zur Übung, eine körperliche, physische Übung. Dann wird das Schütteln zwar da sein, aber nur an der Oberfläche, es wird dich nicht durchdringen.

Du wirst tief innen drin fest bleiben, wie ein Stein, wie ein Fels; du wirst der Manipulator bleiben, der Handelnde, und der Körper wird dir nur folgen. Der Körper kann nichts dafür – aber du kannst dafür. Wenn ich sage „schütteln", dann meine ich, deine Festigkeit, dein felsenartiges Sein sollte bis zu seinen tiefsten Grundmauern erschüttert werden, so daß sie schmelzend, flüssig und fließend werden. Dann gibt es keinen „Schüttler" mehr, nur noch das „Schütteln". Dann tut es keiner, dann wird es ganz einfach passieren. Dann ist der Handelnde nicht.

Osho – Meditation: The First and Last Freedom

Die Kundalini Meditation (abends)

1. Phase (15 Minuten): Sei gelöst und lasse deinen ganzen Körper sich schütteln. Fühle deine Energien, wie sie sich bewegen, angefangen bei deinen Händen und Füßen. Lasse am ganzen Körper los und werde das Schütteln. Deine Augen sind entweder geöffnet oder geschlossen.

2. Phase (15 Minuten): Tanze total, wie auch immer du magst, erlaube dem ganzen Körper, sich auszudrücken.

3. Phase (15 Minuten): Schließe deine Augen und sei absolut still, du kannst dabei stehen oder sitzen – beobachte, was in dir und um dich herum geschieht.

4. Phase (15 Minuten): Halte die Augen geschlossen, lege dich hin und bewege dich nicht.

Bleibe in Partystimmung. Du tust nichts Ernstes; du spielst einfach, spielst mit deiner Lebensenergie, spielst mit deiner 'Bioenergie', erlaube ihr, sich auf ihre Art und Weise zu bewegen. Genauso wie der Wind bläst und der Fluß fließt, genauso bläst und fließt du. Fühle es. Und sei spielerisch. Erinnere dich immer an das Wort spielerisch – es ist ein sehr grundlegendes Wort.

Osho – *The Orange Book*

Empfehlenswerte Literatur

Titel	Autor	Verlag
Körperbewusstsein	Dychtwald	Synthesis
Körperarbeit	Juhan	Knaur
Heile deinen Körper	Hey	Alf Lüchow
Krankheit als Weg	Dethlefsen	Goldmann
Botschaften des Körpers	Kurtz/Prestera	Kösel
Bioenergetik für Jeden	Lowen	Goldmann
Bewusstes Atmen	Orr/Halbig	Goldmann
Walking	Henseler	Kösel
Das Buch der Heilung	Osho	Heyne
Körperkontakt	Montagu	Klett-Cotta
In der Seele berührt	Sagarpriya	Heyne
Lichtarbeit	Brennan	Goldmann
Chakra Handbuch	Sharamon/Bag.	Windpferd
Face to Face with Fear	Krishnananda	Koregaon
Liebe macht stark	Hendriks	Mosaik
Das verbannte Wissen	Miller	Suhrkamp
Meditation	Osho	Osho
Die Kunst der sexuellen Ekstase	Naslednikov	Goldmann
Vollkommen Relaxed durch Massage	Lacroix	Mosaik
Wenn Scham krank macht	Bradshaw	Knaur
Auf den inneren Arzt hören	Upledger	Sphinx
Krankheit als Sprache der Seele	Dahlke	Goldmann
Meditation: Die Kunst der Ekstase	Osho	Osho

Über den Autor

Chinmatra Thomas Greiner ist begeisterter Hobbyautor und seit kurzem passionierter Vater. Für ihn ist Berührung zugleich Berufung und Meditation. Er ist staatlich geprüfter Masseur, certified Rebalancer, ausgebildet in Craniosacral Balancing, NLP-Hypnose Practitioner und Fußreflexzonentherapeut. Er praktiziert in eigener Praxis in München und leitet Rebalancing Trainings in Süd- und Mitteldeutschland.